那盞小紅燈

我與天主相遇的一生

保拉姆姆——著

保拉姆姆（Mother Paula）

一九二七年生於哈爾濱。一九四九年到美國加入聖克拉拉加爾默羅隱修院，成為加爾默羅會士；一九五四年從美國來台灣傳教區建院，為第一批默觀傳教團體，目前在台灣有兩座女隱修院，分別位於新竹芎林、新北深坑。第三座分院即將在嘉義大林建立。加爾默羅男修會則在新竹成立會院，並在神父們輔導下成立在俗修會。

「加爾默羅會」因發源於地中海旁的加爾默羅山而得名。加爾默羅山在聖經裡是被上主降福的象徵，也是先知們苦修祈禱的地方。

加爾默羅會的會士們獻身於默觀祈禱，虔心為教會、神職人員、以及受苦中的所有人祈禱，日常即以「祈禱、隱修和勞動工作」作為福傳。一二五一年七月十六日，聖母顯現給加爾默羅會總會長聖西滿·思道克（St. Simon Stock）神父，頒授棕色的聖母聖衣；因此，加爾默羅會中譯亦稱為「聖母聖衣會」。

願上主祝福你，保護你，

願上主的慈顏光照你，仁慈待你，

願上主轉面垂顧你，賜你平安。

——戶籍紀 六24-26

contents

—第一部— 人間事

PART 1

人間事

01 童年歲月，與耶穌初相遇

今天（二〇〇九年五月十三日）是榮福聖母特別揀選的日子——法蒂瑪聖母顯現紀念日。為了服從我的院長，以及答覆姊妹們的渴望，我開始記述個人的一生故事。要怎麼寫？我的念頭很簡單：將一切交託在天主手中，並跟隨耶穌的喜悅前行。

耶穌是我的上主與老師，是祂引導我生命中的每一時刻、每一步履；我渴望寫出來的文字，也能回應天主對卑微受造物的無限美善與慈愛。

另外，出於我對芎林及深坑兩座會院的愛，我盼望並祈求我的故事能鼓勵我的姊妹們。當她們看到今日的我，以及天主在我身上所行的一切眷顧，就沒有誰有權利失去盼望或感到灰心喪志了。她們全都可以渴望聖德及真實的喜樂，這聖德與喜樂，是我們的會母聖德蘭的每一位女兒——加爾默羅修女們——都能擁有的。同時，我的故事若能成為姊妹們散心時的一些話題，那我可就樂了。

此外，我還有個個人的目的，基於中國人「慎終追遠」的民族性，我希望姪兒們和他們的下一代，也能了解家族發生過的事，進而認識他們的祖父、或是曾祖父。以下就是我的生命故事。

意外倖存的生命

一九二七年五月二十八日，我在東北的哈爾濱出生；我是李紹庚及鄭秋蘭的第三個孩子。

十四個月前才剛產下兒子的母親，因接著懷了我，以至於身體虛弱、狀況連連。當時，我的父母已經有了健壯又活潑的三歲女兒和一歲多的兒子，父親為了保全母親的安全，終於決定犧牲胎兒。父親和母親沒有將這決定告訴任何人，悄悄地自行前往醫院。因此，當我的外婆意外在醫院出現時，他們大吃一驚！

我的外婆是一位心胸寬大、意志堅定、活動力強的大家長；儘管目不識丁、終身忍受裹小腳之苦，卻憑著堅強的個性掌管著她的大家庭。

在這特別的日子，天主聖意註定的一天，外婆出現在我們的家門口，她自然是來找女兒的。當僕人告訴她「夫人出門了」，她理所當然地追問：「去哪兒了？」聽到僕人回答「與老爺一同去醫院」，外婆二話不說拿起她的拐杖，一路朝醫院走去。一到醫院，外婆四處搜尋女兒和女婿的蹤影，當她終於看見他們和醫生在一起，便問起我母親哪裡不舒服，醫生很尷尬地解釋了狀況。外婆明白了女兒的意圖之後，一氣之下抓起我母親的手，氣沖沖地走出醫院。

我逃過一劫。

沒有人告訴我，我是在醫院或是在外婆家出生的。我唯一知道的是，我是個早產兒，出生時幾乎是個瞎子，小小的身軀也幾乎無法吸收任何營養。聽說我出生時，父親看了我一眼後失望地歎息說：「她活像隻猴子。」

我的母親雖活了下來，卻極度虛弱，她無法哺育我也無法照顧我。就在不久前，我大姨兩個年約十七歲的漂亮女兒，都因傳染病猝然離世。大姨非常思念她們，這份悲傷也使得她深陷憂鬱而無法自拔。

我母親是家中最小的孩子，大姨是家中的長女，她們彼此之間有著很親密的連結。我母親了解大姨的憂傷，也看到我父親的失望，因此，當大姨提議帶我回她家並由她照顧我一段時日時，我的母親欣然同意了。

唯有天主知道，這「一段時日」竟是持續整整六年！

備受寵愛的童年

毫不誇張，我在大姨家的童年歲月，是一段被寵得無法無天的過程。我是這小小家庭——我們一家三口——裡的暴君！我姨父為人溫良、謙和又細心，我的大姨寬仁、慷慨又外向，而我則是自我中心、獨斷獨行、凡事苛求的人。

等我長大之後，大姨才將我的一些故事一點一滴地告訴我。

我的健康狀況很糟，所有和嬰兒有關的疾病，我幾乎全都有過。在無計可施之下，大姨帶我到一座佛寺，詢問師父她該怎麼做才能保全我的性命。師父告訴她「在我五歲之前，要把我當成男孩來撫養，好瞞過想要索取我性命的魔鬼」。

從寺廟回來之後，大姨將所有的女嬰衣服都燒了！自那時起直到我上學前，我再也沒有穿過裙子，也沒有像一般小女孩一樣地紮起辮子。

也是從那時起，每當我要剪頭髮時——寺廟裡的師父說，我的頭髮必須剪得很短——我的大姨就頭痛不已；因為我無法忍受理髮師，也不讓任何人用剪刀碰我的頭。終於，有一位理髮師同意晚上來我們家，等我睡著後替我剪髮。要是剪髮過程中我突然醒來，我的大姨就得立刻關燈，讓這位可憐的理髮師摸黑退到隔壁房間去。這種惱人的事也夠頻繁發生的！

有關頭髮，我還記得一件事。那年我大約四歲，大姨帶我出門，我們上了電車，司機看見我便笑著說：「好可愛的小男孩啊！」四歲的我氣得直跺腳，對著他大吼：「我是小女孩！」

在我早年的回憶中，也有愉快的趣事的。

我和大姨、姨父住在一棟雙層公寓的二樓，屋內有兩個房間。一樓是一間很棒的俄國糕餅雜貨店。每當我們要回家時，都得先走進這家店才能到達通往二樓的樓梯。走過這家店是既開心又充滿誘惑的時刻，各種俄國蛋糕和點心的香味撲鼻而來，再加上一根根懸掛著的香腸，以及櫃檯上陳列的各式美味甜點，都是我無法抗拒的陷阱——我沒有一次不深陷其中的。

每當我們一踏進這家店，我的大姨就幾乎得拖著我走，但我會緊緊地黏住櫃台，指出我喜愛的這樣或那樣糕點；這家店的店員們都很喜歡我，總是站在我這邊、討我開心。很快地，他們就知道我最喜歡塗滿奶油的俄式小蛋糕；每天早晨蛋糕一出爐，他們會將一整盤的各式各樣小蛋糕端到二樓來，讓我盡情挑選。這個早晨挑選儀式，一直持續到我上學為止。

父親的家

當我父親決定見我時，我應該剛過五歲，在這紀念性的一天之前，我不記得自己曾經踏進父親的家門一步。

大姨為我穿上中國旗袍，將我打扮得像個小女孩，並試著梳理我的頭髮——它們還很短呢。最後，我們坐進父親派來的車裡。在那次的探訪中，我只記得一件事，而且只要我活著就永遠忘不了。

我和大姨被帶進一間很大的飯廳裡，我從未見過這麼大的房間，也沒看過這麼大的桌子，而且桌子圍坐著這麼多的人。我的父親是個高大的男人，帶著一副黑框眼鏡，表情莊嚴且沒有笑容；他是最難親近的一位。坐在他右邊的是我母親，嬌弱、溫和又靦腆。坐在我父親左邊的是一位年長的俄國女士，非常高貴，但面容和藹可親；後來大姨告訴我，她是父親的管家，大家都稱呼她「夫人」。

我偷偷地尋找大姨的身影，但她已淹沒在圍坐桌邊的眾人之中。我恰好坐在父親的正對面，誰坐在我旁邊已無心注意，因為這令人窒息的氣氛，已經把我完全嚇住了。

晚餐在寂靜中開始了，我幾乎把頭埋在飯碗裡。吃了幾口飯後，生平第一次聽到發自我父親的聲音：「小珍（我童年的小名），妳想受教育嗎？」他的聲音中沒有笑意、沒有感情、也沒有我能賴以支持的鼓勵；完全有如法官似的冰冷聲音，正等待著我回答，而且是立刻要回答。因為從沒有人像他那樣對我說話，我被嚇到！

父親說的「教育」是什麼？我不知道，我也不在乎自己知不知道。我唯一在乎的便是要立刻回答。然而，我更在乎的是該如何回答，因為父親已經盯著我看好久了。

我頭也沒抬就說了聲「要」；接著，我感覺到一行熱淚滴進我的飯碗裡。第一次探訪父親的家，除了這事以外，我完全不記得其他的事。

幾天後，父親的車開始每天早晨來接我去接受我自己說要的「教育」。當我一抵達父親的家，「夫人」就會替我穿上學校的制服，然後，我就跟著哥哥和姊姊被載到俄國學校。在最初的幾堂課裡，我記得自己學習如何用俄文寫：「十月十九日，今年第一次下雪。」當我看見自己會寫字了，我好開心啊！

中午，我們回家吃中飯。下午兩點，一位年紀很大又嚴厲的王老師會來給我們上中文課。我這輩子從未見過像他這麼準時的人。每天，當家裡的鐘敲響兩點時，他就站在我們家門前了，當鐘敲響四點時，他就離開了。關於他，我還記得一些很鮮明、也是最重要的回憶——他讓我小小的心顫慄不已的木頭鉛筆盒蓋！

他用來處罰我們的工具，是我的木頭鉛筆盒蓋！這個用拉的鉛筆盒蓋，像一把尺，約有一英尺長。王老師看中了它的輕巧和平整，每當我們背不出他指定的課文、或是他覺得我們的毛筆字寫得不好時，他就會使勁地用它打我們的手心。後來這個被當成戒尺的鉛筆盒蓋，由我們的門房保管，他總是坐在我們入門大廳的小辦公室裡。

每當我姊姊要受罰時，哥哥就會被派去拿戒尺；當我的哥哥要受罰時，就輪到我去拿戒尺，而當我要受罰時，我的姊姊就得去拿戒尺。

大部分的時候，我們都是背誦從《孟子》挑出的文章，而老師一味強調背誦卻不解釋字的涵義。哥哥雖只是個孩子，卻很想知道事情「為什麼」會這樣，或「如何」會這樣，他一點也不想像鸚鵡一樣地重複誦念一些沒有意義的字。這可把我們的老師惹火了，哥哥就成了老師怒火下的可憐犧牲品，我幾乎每兩三天就得跑去向門房拿戒尺。打在我哥哥手心上的兩三下是如此之重，簡直把我嚇壞了，幾乎每一次我都害怕得摀住耳朵。還有，我那可憐沒有蓋子的鉛筆盒，再也無法帶到學校去了，夫人就幫我準備一個新的鉛筆盒。

在王老師教導我們的那段時日裡，我不記得自己曾被他處罰過，但我確實有過幾次驚險地逃過一劫的經驗。

有一次，老師叫我背書，我知道自己不會背，於是我求老師先讓我去上廁所，他當然同意讓我去了。為了有安全感，我特地請我們的傭人陪我同去。我一進廁所就立刻鎖上門，直等到四點的鐘響。終於，鐘響了！我聽到走廊傳來王老師的聲音：「妳可以出來了，明天再背書。」

另一次，我沒有寫書法作業。我上課前先求門房把戒尺給我，上課時我就一屁股坐在戒尺上。背過書後，老師要我們交書法作業，哥哥和姊姊都交了作業，老師接著向我要書法作業，見我默不作聲，老師便叫姊姊去拿戒尺。

當老師看見姊姊空著手回來時，便用懷疑的眼光打量了我們一番，然後鄭重地宣布：「把戒尺藏起來的人，要受雙倍的處罰。」我那緊繃許久的神經終於負荷不了！我以能發出的最大哭聲，盡情地宣洩我的眼淚。這下可讓那表情冰冷又無情的王老師大吃一驚了，他不得不彎下身來拍著我的頭說：「沒事了，現在沒事了！」

事後，我並沒有因自己沒準時交作業、卻哇哇大哭而羞愧，反而是有些得意洋洋——不到六歲的我，居然「有辦法」制服嚴厲的王老師！當時的我，多麼頑劣啊！

與耶穌初相遇

每當我上完中文課，夫人就會帶我到她的房間，教我用俄文閱讀及會話。她優雅、慈愛的個性，以及她那舒適又整齊的房間，讓我很享受與夫人在一起的時光。

在房間牆角稍高的地方，擺放了一尊一位女士抱著嬰孩的雕像（長大後回想才知道是聖母抱小耶穌的聖像，這是我和耶穌的第一次相遇），一盞小小的油燈日以繼夜地在雕像前燃燒著；這景象實在令我著迷。夫人注意到了，因此，她總會在上課前先將我帶到雕像前，但從未解釋這雕像是什麼，只是讓我看個夠、滿足我的好奇心。

下午五點多，夫人的課一結束，哥哥就已經等在那兒，要我同他一起去探索父親的大宅院了。這個大宅院是一棟兩層樓的房屋。與入口處相連的是一座好幾層樓高的鐘樓，一樓有個寬敞的大廳，一道雄偉的門向花園敞開著。第二扇門通往招待客人用的大餐廳，第三道門則通往父親的書房。此外，還有一間給家人用飯的大餐廳，穿過這間餐廳，就是王老師上課的教室了。

在這間餐廳外有一條很長的走廊，走廊的盡頭是一道寬敞的階梯，直通到地下室。這條走廊也通往房屋的其他區域——夫人的套房就在那兒，此外也有其他的房間。在二樓有許多臥房，但我從未進去過。在一樓還有一間很大的遊戲室，我們在那兒賽跑、玩球、打彈珠、跳繩，還有各種我們自己發明的遊戲。

整個地下室就是一個大廚房，我們這幾個孩子是不准進廚房的。不過，當夫人烤她那稱為「kulich」的復活節蛋糕時，則是例外……。她用六英吋高的玻璃圓罐烤這些蛋糕，再用堅果及彩色糖果去裝飾它們，蛋糕頂端則坐著巧克力做的小兔子。夫人親手做的特別蛋糕，是復活節送人的禮物；父親有個大家庭，而我們又總是有許多訪客，不知道夫人得烤幾打這樣的蛋糕啊！

每天晚上，大姨及姨父都等著我回家。那時，我會用我的童言童語、上氣不接下氣地快速對他們訴說我一整天的冒險經歷。當時我並不明白，我還真需要這個放鬆、安全、溫暖的氣氛；在這個家中，我無條件地被愛與被接納，使我度過到我父母家時，伴隨而來的恐懼與緊張。感謝天主仁慈地眷顧守護著我，不讓父親要我立刻回家住，可以繼續和大姨住在一起。

儘管我不喜歡父親家正式的用餐氣氛，但我還是很喜歡這個新環境。而且，我很喜愛與哥哥姊姊一起上俄國學校，也很享受學習新語言的經驗。我也喜愛夫人。

哥妹倆，一對寶

哥哥與我只差一歲，他必定覺得我是他最好的玩伴；在哥哥的帶領下，我不斷地感受到發掘新地方與新事務的興奮感。至於我的姊姊，那年她八歲，她有一位專門教她俄文詩的老師，所以她根本懶得理我們。而我的小弟，他當時也只有兩歲大而已。

我和哥哥的確做了不少調皮事。

在一個寒冷的冬日，他對我說，如果我安靜地跟著他，他就會給我吃一樣最好吃的東西。我當然同意！於是，我倆躡手躡腳地走過夫人房前，再快速奔向朝後院敞開的窗戶。在冬天，每扇窗子都嵌上雙層的玻璃，兩層玻璃間約有一呎的寬度，而這個空間就像個天然的冰箱。哥哥發現，夫人每天都在這冰箱裡存放一大罐的鮮奶，再用這鮮奶煮她每天喝的咖啡。我倆站到一張小凳子上，他快速地打開內層的窗戶，用一支大湯匙挖牛奶上層薄薄的鮮奶油。他自己先吃一口，再遞給我。我從未嘗過如此美味又令人滿足的東西。

我們偷吃了好多次，直到害怕被發現，以及對不起夫人的罪惡感，才讓我們放棄這項冒險。

另一次，哥哥示意我跟他走。他帶我到招待客人用的大餐廳。我倆靜悄悄地打開門，進入這半暗的房間。房內有一個很大的玻璃碗櫃，許許多多漂亮的碟子、碗、茶杯、玻璃杯，都整整齊齊地陳列在架上。架子下是一層層的抽屜。我的哥哥拉開其中一個抽屜，拿出一個大盒子，盒內是一顆顆用彩色紙包裹著的俄國巧克力。我倆便坐在地上，狼吞虎嚥地吃了起來。每顆巧克力裡都包了酒，那真是好吃極了！

當我倆從這個餐廳裡蹦出來時，幾乎是晚餐時間了。生平第一次，我感到自己的雙腳站不穩，有一點頭暈，然後開始反胃。姊姊的俄國老師注意到了，她抱起我，將我放在旁邊的沙發上。當她做這個動作時，自言自語地說：「這孩子身上有酒味。」幸好，沒有人聽到她說的話。她要了一杯牛奶讓我喝下。當我一喝下牛奶，胃裡的東西就全都吐了出來。

父親開始緊張了，以為我生病，便立刻將我送回大姨家。當我回到我們的小公寓，與大姨、姨父在一起時，我整個人是多麼放鬆自在啊！

我在哈爾濱的早年歲月中，也不盡是惹麻煩及調皮搗蛋而已，我對父親家有好多美好的回憶；我深愛美麗的哈爾濱市，或許更甚於我往後歲月裡住過的許多城市。

02 哈爾濱二三事

父親為祖父舉辦的生日宴會讓我記憶猶新，那也是我在父親家度過的唯一一夜。白天發生或做過什麼事，我一樣也記不起來了，但夜晚來臨時，整個大宅院、寬闊的階梯，以及通往美麗花園及噴泉的大陽台，變得燈火通明，賓客們到處走動著。屋內上演著各式各樣的節目。我印象最深刻的是京戲的高亢唱腔及華麗服裝。不過，大部分的孩子們都聚集在魔術師前；我們看得入迷，簡直要貼在地板上了！

有一個表演讓我困惑又害怕。魔術師用一根長形、鐵製，看似像勾針的東西穿過他的脖子，然後在細長的鐵針兩端掛上一桶水！當所有的小朋友正驚叫連連時，夫人來找我們了——晚上八點，該是上床睡覺的時候。任憑我們怎麼苦苦哀求、讓我們再多待一會兒，還是改變不了夫人貫徹紀律的鋼鐵般意志！這時，我多麼想念我寬容的大姨啊！換作是大姨，她一定會讓我玩個夠，不用我苦苦哀求。

在夏天的那幾個月，是最享受的日子，父親常會帶我們到松花江上有名的俱樂部去。我們乘著汽艇，欣賞美麗的河岸風光，中午時在俱樂部的餐廳享用美味的俄國餐點，還有非常特別的糕點；當然，是絕對少不了冰淇淋的！不過，所有的佳餚中，我現在只記得一道名叫「borsch」的湯了。

如果有已成年的堂兄姊們與我們一起來時，他們會堅持帶我們到河裡游泳；那可真是樂趣無窮……。不過，我們三人都不會游泳，所以只能在清澈又冰涼的河中玩玩水，然後觀賞大人們美麗的泳姿。常有一些親切的外國人走近我們這群小鬼頭，想試著教我們游泳呢。

另一個難忘的回憶，就是慶祝中秋節。

當天下午，全家上下都聚集在餐廳裡，由母親掌控全局，父親則站在她的座位旁。各式各樣的水果籃及水果盒陸續帶進來，接著一層層堆疊著的大小月餅也帶了進來。放在最底層的月餅，直徑至少有一英尺半那麼寬，最頂端的小月餅則是比兩英寸小。每一個月餅都疊在另一個月餅上，超過一公尺高，看起來非常壯觀。

當母親開始分送禮物時，所有人的目光都集中在母親身上。從我的弟弟開始——家中最小的一位。最小個的月餅加上一點水果，放進一個非常小的籃子裡，然後母親親手將籃子交到弟弟的小手裡。接下來輪到我，我很高興我的月餅比弟弟的稍微大一點，而且我的籃子比弟弟的大得多，水果也多了許多！禮物就這樣持續地分送著。最後拿到籃子的是我們的廚子，他拿到最大的月餅；當他上前去接他的籃子時，大家都開心地鼓掌，每個人都很喜愛他心胸寬大、愉快又仁慈的個性。對了，還有更重要的是，父親還會在每一位員工的籃子裡放上一個紅包！

在這段期間，我的父母常帶我們去拜訪一對俄國夫婦，他們總是很歡迎我們來到他們高雅的家中。這對夫婦沒有孩子，他們愛上了我的姊姊，因為姊姊會用完美的俄文為他們朗讀詩篇，那很討他們歡心。

有一次，那位太太送了一個娃娃屋給姊姊，那屋子比姊姊還要高，每一個房間都有獨特的傢俱，例如，一張有毯子及枕頭的床，餐廳的餐桌上有小盤子、茶杯及碗，廚房裡甚至有茶壺及平底鍋呢！還有其他的桌子、椅子、小花盆栽、小洋娃娃及小玩具。我們真是看得目瞪口呆。很難忘記這樣的一個禮物！

當時我年紀還小，這對俄國夫婦卻仍在我的小小腦海裡留下深刻的印象，他們必定是非常重要的人物，或甚至是貴族。他們以真摯的友誼、細膩又溫暖的方式和我的父母交往。對我們兄弟姊妹，他們更是溫柔、慈愛到無以復加，我幾乎天天期待著去拜訪他們。

再見了，親愛的哈爾濱！

我想是在我近七歲那年吧，我們突然舉家搬離哈爾濱。我們搭乘夜間的火車前往大連——南部的一個美麗港都——那時正值初夏。大宅院裡的人並沒有與我們同行；我的大姨是跟來了，但姨父卻沒有；從此以後，我們再也沒有回到哈爾濱。當時我還小，無法明白發生了什麼事，我的父母也沒有對我們說明。等我大一點時，我才知道發生在父親身上的事。

在哈爾濱時，父親代表中國政府與俄國政府合作，管理西伯利亞鐵路。我們離開哈爾濱時，正是日本侵略東北的時候；因為情勢危急，父親便帶著全家南下，想到南京或重慶。因此，我們先到大連，看看是否能乘船到南方去。

我們在大連待了一個月，我的父母將哥哥、姊姊和我，送到瑪利諾會修女辦的學校。我幾乎想不起任何有關學校的事，但我卻清楚記得生平第一次看到海的印象。

當我站在那兒，觀看無垠的海洋時，某種深刻又持久的感受進入了我的生命，但我不明白那是什麼，或許是一種無限感，也可能是浩瀚的感覺。當時沒有人與我一同站在海岸邊，耳邊除了輕柔規律的波浪聲，就是絕對的沉寂。我真的感覺到，在我居住的這裡，能看見、能感受到的這個世界之外，必定還有其他的事務存在。至於那是什麼，當時的我並不知道。

另一個暴風雨的日子，我再度佇立於海岸邊，我看著高聳的浪濤衝擊著岩石，形成一道海岸線，壯麗的怒濤讓我一輩子難忘。

一如我們突然來到大連，我們也同樣突然地離開。這一次，我們的目的地是才剛建立、名為「滿州國」的首都新京（今長春）。侵略中國的日本人，將清朝最後一個皇帝帶來，立他為滿州國的皇帝，然後為他組織內閣，這個政府完全掌控在日本人的手中。日本人派了密使來到大連，強迫父親接受偽政府的交通部長。

父親沒有受到囚禁，但從那時起，他再也無法自由地選擇自己所愛、所相信的事務了。那年他只有三十七歲，他原是自己、他的家庭、及一切狀況的主人，享受著廣闊的交遊圈，事業及社交生活都非常成功；但在他被任命交通部長的那瞬間，父親的命運徹底轉變，他成了一位過度嚴肅、小心翼翼、多疑的人，他的話變少，也不再有笑容了。

童年時最重要的四個人

在我結束哈爾濱的童年故事之前，我想談談當時影響我最深的四個人。

首先是我的大姨。

她將我帶回她家的那年，她才四十出頭，依然美麗動人。她從未上過學，所以她既不會讀書也不會寫字，但她極度聰明，而且是一位說故事的高手，她說的故事全都是她編的，我就是聽這些故事長大的。寫到這裡，我就不得不坦白一件事了。

當時我年約四歲，全家到了父母親的出生地瀋陽，住在舅舅家一同慶祝節日。在那盛大的慶祝中，許多各年齡層的表兄弟姊妹們都團聚在一起——在這之前，我從未見過這麼多的一群小孩。大姨的說故事天賦自然成了眾人矚目的焦點，因此，晚飯過後，當一切清理完畢，每個孩子都拿著自己的小板凳到大院子裡，圍坐在大姨身邊。

我太小了，拿不動板凳，但沒有人注意到我，大家只是黏著大姨，聽她說那些吸引人的故事。而「我的」大姨竟然忘記了我！我靜靜地離開了現場，溜進一個空房間，躺在床上把我心中的委屈全哭了出來。我覺得很受傷，因為我被冷落了，我覺得自己不再是大姨心目中最重要的人，所以，我要大家知道我的感受。我故意不出現，等著大姨來找我；當大姨來找我時，我就可以對她發洩我的憤怒及委屈。大姨沒讓我失望。當她來找我、哄我而我既哭又鬧的模樣，讓我從未忘記過這個事件。因為隨著年歲增長，我必須經常與我性格中的這個軟弱，痛苦地奮戰著。我知道，這不能歸咎於大姨對我的無條件的愛，只怪我自己沒有注意到自我中心的害處，以及過度自愛與自重的不良後果。

再回到我的大姨。

當我日復一日地到父親家接受教育、甚至連星期天也去時，我的大姨必定非常思念我天真的身影，但她隻字未提。每天晚上，她都以同樣的自然與溫暖歡迎我回家，彷彿我從未離開過她似的。唯有等我成為基督徒後，我才在一種新的光明中看見我的大姨：她愛我勝過她自己，她為我犧牲了自己。

第二位是我的姨父。

我的姨父是一位非常溫和、隱沒的人。他比我的大姨年長許多。他們結婚後，有許多年的時間住在日本。我的姨父很愛日本，很崇敬他們的人民及文化。他從日本回來後必定就退休了，因為我從沒見過他去上班。在家時，他研讀許許多多的書、朗誦詩詞，或是用工具在一些小機器上工作。我常想，他多麼幸運有我大姨在他身旁，若是少了大姨，他的生活會非常孤獨。

我從未見過姨父不耐煩或生氣，我們的小公寓就是他的全世界，而他看起來非常滿足。凡他所在之處，四周總是洋溢著平安；而有我大姨在的地方，四周則是充滿著幸福。但這一切，都將隨著我們遷居到新京嘎然而止。

第三位是我的父親。

關於父親的歷史，我幾乎是一無所知的。一直到他過世後，母親才將他的一些事說給我聽。也直到那時，我才明瞭父母間的愛是多麼深刻。

父親出身貧窮的家庭，家中付不起他的學費，他只能靠獎學金才能接受教育；了不起的父親憑著毅力，拿到「哈爾濱俄立高等商業學校」的獎學金。這樣的背景將父親塑造成異常認真負責、極端努力的人。

根據母親的敘述，父親個性外向，很容易交上朋友，他很愛朋友也為他們所愛。他很喜愛宴會、打網球、溜冰，此外，他還很會跳舞！難怪家中常有這麼多的客人。我的父親很孝順，但他從沒有要祖父來與我們同住。我母親解釋了原因：當我的父親還是個小男孩時，我的祖母就過世了，我的祖父很快就娶了第二任妻子。父親對他的繼母從未有過好感，或許這也是為何除了我祖父之外，我幾乎從未見過父親的親戚。

我們幾個孩子與父親並不親，甚至連我父親最愛的大姊也一樣。在哈爾濱時，除了用飯時間，我們很少見到他。在餐桌上，大人們也很少說話，除非父親對我們說話，否則我們這群孩子得嚴守靜默。坦白說，我們都很怕他。我父親是實實在在的一家之主，家中一切大小事及上上下下的人，都在他的掌管之下。

我相信大家都很尊敬他——包括那些賓客及常來拜訪我們的親戚。家中洋溢著秩序及勤奮的氣氛，每個人都很清楚自己的本分，也都忙著善盡本分。家中所有的人都是快樂而滿足的。

當時的我還太小，無法明瞭，當我長大後，我能看見，那時我們整個家是多麼忠實地反映出父親的性格——忠誠、正直、良善及認真。我父親很享受人的陪伴，特別是我母親的陪伴；他也很喜歡朋友及一些親近同事的關係，但他很少與我們——他自己的孩子——打成一片。或許他和我們在一起時並不自在，因為他自己幾乎從未擁有過真正的童年。

他就像在我們中間的一棵大樹，我們喜愛他的庇蔭、在他之下的安全，但沒有人敢爬上去，或是去探索枝幹的秘密。

第四位是我的母親。

我母親那雙半裹的小腳，影響了她的健康，至少我父親是這麼認為的，因為他非常保護我的母親。父親將大宅中大大小小的事分派給幾個人負責，如此，當父親有需要時，母親便能隨時陪伴他。我的母親不像她那時代的東北女人，她受過良好的教育，在結婚前還擔任過教職。她是一個沉默寡言的女人，在社交生活中也很隱沒自己；我父親幾乎得哄她去參加他的宴會。

母親是一位很虔誠的佛教徒，在我記憶中她總是吃素，不吃任何魚、肉、蛋類。長大後，我在許多機會中觀察到，我父親是多麼信任及仰賴母親的看法與建議，因為她有一個實際、客觀的頭腦，且極具觀察力，而這正好平衡了父親強勢、掌控的作風。

我們與母親的關係——至少在哈爾濱那段時期——是疏遠的。我們知道她在，但她很遙遠，因為照顧我們的工作完全交在夫人手中，而傭人們也是遵照夫人的指示來照顧我們。

*

儘管我在這段早期的童年歲月裡，經歷過很大的轉變，但大姨、姨父給了我放鬆、安穩的生活，讓我有了基本的安全感與自信，因此我能快速地適應在父親家裡的全新環境與生活。與父母在一起時，我並沒有「家」的感覺，因為大姨、姨父那兒才是我的家；但我確實很喜愛父親家的生活——學校、俄文、以及形形色色的人們——它們打開我的心智，刺激我對知識、學習，以及新體驗的渴求。

在父親家，我整個人走了出去，忙著被嶄新且新鮮的事務餵養著。我熱愛且享受著一切，它們看來是如此美麗與美好。我也喜愛戶外活動，忙著探索父親家的廣大花園——我甚至找不著那環繞花園的圍牆！

冬天時，哥哥和我會帶著我們的迷你雪橇到父親的網球場去，那時這場地已經變成天然的溜冰場了，我們會在那兒一直玩到夫人派人來叫我們進屋去為止。夏天時，我很喜歡與我們家庭的朋友在花園的偏僻處散步、尋找野莓。

我離開哈爾濱時還不滿七歲，這美麗的城市，及父親家種種愉快的往事，是我一生難以忘懷的回憶。

03 在新京難忘的「聖體降福」與日本教育

抵達新京後，我們直接被載往新家。和哈爾濱的家比起來，這間房子簡直像個娃娃屋。要我們這幾個孩子適應新的環境和住所，問題還不算大，但是對父親可就不同了，這是父親苦難的開始。

抵達新京不久，父親就開始在新成立的交通部工作。父親不喜歡這份工作，也不喜歡與他的手下——日本官員——交往。

這時，我的生活也起了巨大的變化。我的大姨離開我們，回到瀋陽與姨父同住。這對我是個可怕的打擊，但沒有人注意到這件事；而我也必須立即適應並學習與父母一起生活。大姨離去前，將我所有的玩具及我心愛的物品收集起來，裝在幾個小箱子裡，我將這些東西當作寶貝一般地珍惜著。每當我想念大姨、姨父時，我就會打開這些箱子，抱抱我的寶貝們。

我的哥哥注意到我的這些舉動，覺得好奇，於是他想盡辦法要將這些寶貝弄到手。他要我和他玩一些比賽遊戲，要是我輸了，就得給他一些寶貝；最後，我終於失去了我所有珍愛的物品。我幼小的心靈，向來只知道大姨和姨父無條件的愛與接納、保護與安全，哥哥的這個舉動，對我是非常糟糕的經驗，一種令我難以忍受又手足無措的悲傷。

然而，我沒有人可以說這件事，更別說找人抱怨了。大姨會久久來拜訪我們一次，那時，我會試著對她哭訴我的悲痛，但每到那時，我往往因為被痛苦淹沒，以至於只能一個勁兒的哭，無法說明我的苦悶和狀況。這當然只是加重大姨的痛苦，她無力改善現況，更不可能把我帶走。

少了夫人，我的母親也不知如何照顧我們這四個孩子，她只能任由我們去做自己喜歡的事。父親則是盡快為我們找到好學校——方濟修會的姆姆們所辦的學校——繼續我們的求學生活。

方濟修會是國際性的組織。我們的學校位在一個非常大的園區裡，園區裡有給中國及外國學生讀書的學校、一間孤兒院、一所安老院，以及一個大農場。與學校相連的是一間高中女生宿舍。父親很快地就將我們三個送到這所學校裡。

一到學校，姆姆們做的第一件事就是為我們取一個基督徒的名字。於是，我的姊姊就成了瑪利亞，哥哥成了若瑟，我則成為黛西（Daisy）。

這個學校是用英文教學的，我很高興能學習這個新語言。大概是我還小，那些比我高大的女孩總圍著我打轉、試圖幫助我；而且這所學校有許多俄國女孩，我至少可以和她們溝通。在學校時我很快樂，我可以忘記在家中的痛苦，也可以暫時止住想念大姨的時間。

彷如天堂的「聖體降福」

姆姆們都對我很好。當一天結束後，有時她們會帶我、姊姊、哥哥，到她們的聖堂，在那兒，老人及孤兒們會跪在前排，姆姆及修女們則站在後排，領受她們所謂的「聖體降福」。當然，我完全不懂什麼叫「聖體降福」，但整個儀式留下了深刻的印象，姆姆們的歌聲則是純淨而優美。

那位蓄著大鬍子、穿著刺繡長袍的神父，崇敬地跪在聖體前獻香的這一幕，始終銘刻在我心中。在那短短的半小時裡，我幼小的心靈彷彿置身在另一個世界，一切美麗及令人渴望的事務，似乎都集中在聖堂裡了。我常常期盼著姆姆邀請我們去參加她們的

「聖體降福」。

在這時期的回憶裡，有一個是和父親有關的；是在高年級的學生為家長及學校的恩人演出的話劇。我記得是一齣莎士比亞的戲劇，我的哥哥姊姊都有參與演出，我則是在中場時——演員在簾幕後更換場景時——朗誦一首關於一隻鳥的小詩。

輪到我出場時，他們將我由簾幕的縫隙間推了出去，突然間，我發現自己獨自面對著一大群的觀眾，而觀眾席前排的中央，正坐著表情威嚴的父親，圍繞在他身後的，好似一片人海，每一雙眼睛都盯在我身上。當他們爆出掌聲時，我陷入了極大的恐慌，我張開口，卻發不出聲音，腦子一片空白，我不知道該做什麼或轉向何處。我終於嚎啕大哭起來，接著我逃下舞台，直往父親的懷裡衝去。生平第一次，我感受到父親的雙臂緊緊地環繞著我。

就讀日本小學

我待在這所修會學校的時間非常短——僅僅三個月。同年九月，我被帶到一所離家不遠的日本小學就讀。日本政府要求父親必須讓他的兩位子女接受日本教育，另外兩位孩子則依他所願的方式接受教育。就這樣，我開始了我的日本教育，直到第二次世界大戰結束。

我在日本學校的頭兩年過得真是極度艱辛。我的眼睛所見全是日本小孩，耳朵聽到的全是日文，學習的也盡是日本的風俗。在家裡的時間，我也好像個外人，哥哥姊姊只會增加我的痛苦。

父親熱愛在哈爾濱的生活及工作，現在卻被迫加入偽滿州國內閣而挫折，加上他對一切日本事務根深柢固的厭惡，令他既憤怒又不自在。父親不想學日文，也從未交過任何日本朋友。唯有當他覺得無法拒絕時，他才會去參加宴會，但他無法欣賞這樣的聚會。我們的家也不再邀請客人，雖然親戚們剛開始仍經常來訪，然而，他們也注意到父親的轉變，看見我們家中的氣氛與過去完全不同，漸漸地，親戚們也就不再上門了。

當我開始上日本學校，說他們的語言，適應他們為人處事的方法，並符合他們教育系統的要求時，我的哥哥姊姊就把我當作日本人一般地難為我：他們嘲笑日文，譏笑他們的習俗；有一次，他們甚至拿走了我為班上的遠足準備的糖果及餅乾。

我的哥哥若瑟和我一樣有運動細胞，且生性喜好競賽，他常找我挑戰賽跑、跳高及球類運動。因此，每當一放學，我倆就立刻開始比武競賽，好像我們是真的敵人一樣。

當我的弟弟若望六歲時，他也進入這所日本學校；我的麻煩就更多了。

若望不喜歡日本人，他的脾氣又很大，因此他時常反抗師長或是與同學打架。每當他出事時，我就會被叫去處理；無論合理或不合理，我都必須向他的老師或同學道歉，並為他的行為不檢接受校方的責備。

和日本人做朋友

這些年的生活是相當苦澀的。大姨不在身邊，這已是夠糟的事了；更糟的是，我覺得沒有人了解我，我無法向任何人敞開心扉。

當我幾乎絕望時，天主送來了一位日本同學，做我的小同伴。她家離我家很近，我們兩家只隔了一條窄巷，所以我們每天一起上學，漸漸地，我們的友誼加深了。過了一段時間，她開始邀請我到她家，這是我生平第一次進入一個真正的日本家庭。她的父親在日本政府中身居要職，因此，她有一個相當寬敞的住家——那是完全日本式的房屋，地上全是榻榻米，房間都是用紙糊的拉牆隔開的。

每當我到她家，她的母親總是親自來歡迎我，也會細心地替我準備一個厚厚的坐墊，因為我不知該如何跪坐在自己的腳跟上（日後，我也漸漸學會了這種特殊的日本習慣）。之後，她的母親會讓我們獨自遊戲或唸書，大約一小時後，她就會為我們準備一點家庭自製的點心及茶。她家中有傭人，但她的母親總是親自招待我們。

我很欣賞這個家庭，健全又和諧，儘管他們的生活方式與我們的極為不同。隨著我倆友誼的增長，我開始了解日本文化及他們的處事方式，這幫助我自在地與學校中的每個人相處。然而，我卻無法完全認同他們的教育方式，那是斯巴達式的，甚至可說是軍事化的教育。那與我在哈爾濱孰悉的教育完全不同，但我還是得毫無怨言地接受一切，並盡我所能地調整自己。

感謝天主使我熱愛運動，那不僅讓我在運動場上有競爭力，在課堂上的表現亦然，我開始融入同學之中，也能與同學們齊頭並進。漸漸的，我甚至交了一些同班好友，許多老師也開始接納我，如同我是日本人一樣。就這樣，我順利完成了六年的小學教育。

在此我要介紹一位Yoshi da san女士，她年約五十歲，是日本政府派到我們家，每天下午為父親上兩小時的日文課，並指導弟弟及我的課業。但不消幾天，父親便斷然拒絕接受這些課程，我的弟弟若望也幾乎從不出去問候她。因此，我被獨自留下，每天花兩小時與她在一起。

剛開始時，我的日文不夠流利，無法進行對話，但她耐心教導我，直到我能像日本人一樣地說日文。自那時起，我開始很欽佩她，她一定知道自己在我們家並不受歡迎，但她從不表現出來。她不只是熱心地教導我，而且是真心誠意地關心我。她在我們家幾年後，一天，她注意到我有一點咳嗽，她問我為何咳嗽，我自己也說不上來，因為我並沒有注意到這件事。她又等了一個星期，見我依然咳嗽，她便堅持要帶我去看她的醫生。我的母親應允了，因為那時已經是Yoshi da san在照顧我了。

簡短的說，醫生發現我有肺結核，因此每天放學後，我都得到這位醫生那裏去打針治療。一個月後我便完全康復了。Yoshi da san給我的愛是無私的，無論何時，只要我的學業進步了，或是我與朋友有了快樂的時光，她都會與我一樣高興。約五年後，當我們要去日本時，我倆就分開了，但我沒有忘記她，也永遠不會忘記她。

04 東京的日本文化洗禮

當我小學畢業、約莫春天時，父親被任命為日本大使，我們舉家遷往東京，但若瑟除外。若瑟小學畢業後，母親便將他送到天津，進入聖母弟兄會所辦的中學。在他離開前夕，我倆相互道別；雖然我們像死仇一樣地天天比武爭鬥，但到離別之際，我們終於體會到我們是真正的同伴及分不開的玩伴。聽著將他載離、逐漸遠去的車聲，我哭了許久。

然而，每當若瑟放假回到家的次日，我倆仍忠實地演出激烈爭鬥的戲碼……，每當他要返回學校時，我倆又一定會上演另外一齣灑淚道別的重複戲碼。

父親始終不喜歡日本人。我實在不知道，我們在日本的那一年半，他是怎麼度過的？至於我，則有不少的收穫。因為接觸另一個完全嶄新的文化及意想不到的環境，我的心智更加開闊，也進一步地塑造了我的個性。

我們在東京的家並不寬敞，但設計得格調高雅，很符合父親的身份。日本天皇弟弟的官邸就在我們家隔壁，所以我們也大大地分享了它周邊地區的管理與安全。

我們的鄰居並不多，那些來拜訪我們的人都是極其懂禮數的人。家中的一位日本女傭是日本政府為我們安排的，我們抵達時她已經在那裡了。她年約三十歲，謙卑、聰明，舉止高雅又溫和，總是一身和服，讓她的臨在顯得安靜、悅人。

我們這一大家子人，加上幾位從滿州帶過來的傭人，全都對日文一竅不通，她在這兒一定感到陌生又孤獨，但她從未以任何方式表現出來。她以典型日本女性的方式盡她的本分——隱沒、細心又高雅。由於我會說日文，所以我每天都與她有許多接觸。她受過很好的教育。因著與她一起生活、近距離地觀察她，使我對日本民族有更多的了解，特別是他們教育體制的原則，對於塑造日本人的獨特性格，竟有如此徹底的影響。

成為東京的中學生

比起在新京的小學，我在東京的中學生活是非常不同的。在東京，或許是因為父親的身份，我進入一所很有名的女子中學，再度成為班上唯一的中國人。

在新京時，我們是被征服的民族，日本人也以征服者的姿態對待我們，身為班上五十個學生中的唯一中國人，同學們都帶著不以為然的眼光注視我，有些老師則顯示出輕蔑的態度。這激起了我幼稚卻強烈的競爭精神，我想向這些日本老師證明我自己，因此，無論在課堂或運動場上，我都非常努力。我不能說自己的小學六年過得快樂，但我在身體與心智上都獲得了很好的鍛鍊，最重要的是，在不知不覺中，我也養成了日本性格中堅忍及自律的精神。

但這一次，老師與同學的態度都大為不同，尤其是我們的女班導師，她以最細膩的理解及溫暖對待我，使我在那一學年裡，無論在課業或邁向成熟的過程都大有收穫。我大部分的同學都是出身良好家庭，她們全都是聰明的女孩，很有教養。她們不但沒用懷疑的眼神看待我，還滿腔熱誠地接納我，與我建立真誠的友誼。

一年半後，當我們全家離開日本時，這位導師與全班同學為我舉辦了一場感人的送別會，她們給我這麼多的禮物，連我的父母都驚訝地發現，我帶回去的行李比家中任何人都多！

我的父親有官方的隨行翻譯人員，但每當家中要招待客人時，父親總要我去作他的翻譯。當那些上層階級的日本夫人邀請我母親時，我也前去充當母親的翻譯。因此，我又學習了不同的日本文化。不同於那些統治滿州的日本人，我很欣賞在東京交往的這些日本人。我欣賞他們多樣的藝術表現，諸如茶道、詩、畫、書法、園藝、傳統的戲劇與舞蹈，甚至他們對食物的料理方式！每件事務都以它真實的東方美，讓我留下了深刻的印象：那獨特的單純與細緻，卻透露出內在不容置疑的靈性力量。

比起在滿州時，父親在日本也顯得較為放鬆，我們有時會趁著周末到著名的風景區去遊覽一番。他們的神社令人印象深刻，但我還是偏好美麗的大自然：日本的山色、海景、盛開的櫻花及楓葉。其中一個地方我留下特別深刻的記憶，那是在山裡的一處溫泉勝地。通往旅館的山路十分迷人，蜿蜒的道路兩旁盡是枝葉茂密的古樹，車子一路行駛在它們幽暗的樹蔭下。

這是一家歐式的旅館，有很大的餐廳，供應美味的西式餐點，旅館中還有幾間高雅的交誼廳，許許多多的外國紳士、淑女都身著正式的服裝出現。儘管正值盛夏最熱的季節，這山區旅館裡的空氣卻是涼爽而清新的。我們在那裡度過了很愉快的幾天，也使我想起我們在哈爾濱的家。

在這裡，我要倒退一些時光，敘述我們即將前往日本時，在新京家裡發生的一件大事。

瑪利亞的婚約

一天下午，我早早從學校返家，到家時，看見家中擠滿了許多穿著正式、但我卻不認識的人。沒多久，我就看見梳起高貴髮式，穿著美麗中國旗袍的姊姊瑪利亞，正端著擺滿茶杯的托盤奉茶。見我如此困惑，我們忠心的老傭人便在我耳邊低聲說：「妳的姊姊訂婚了。」

這是傳統的訂婚儀式，姊姊當時才十六歲。之後，我才從當時也在場的大姨那兒得知瑪利亞和誰訂婚。對方叫繼元，是董大爺的獨生子，董大爺是父親的世交。根據我們的傳統，像這樣的朋友都會在彼此兒子、女兒出生時締結婚約；我推想，姊姊大概早已許給董大爺的兒子做媳婦了。繼元比姊姊大四歲，當時他正在日本念研究所，瑪利亞則是方濟各姆姆修會學校裡的住宿生。

既然繼元的雙親都在滿州，因此，當我們在東京安頓下來後，他每個周末都會來住在我們家，我的父母視他如己出。他是一個很好的人，溫和、親切，中等身高，理著平頭，帶著一副黑框眼鏡，人們會很容易以為他是當地的日本人。

在東京，瑪利亞進入聖心會姆姆創辦、在當時頗為新潮的國際學校念書，校內都是以英文及法文授課。那兒的學生大多來自國外，其中一些學生則是富有的日本人。校內常舉辦音樂會、戲劇、舞會等社交活動。我的姊姊很喜歡參加這些活動；在那裡，她認識了更符合她的品味及想法的朋友。

因此，當繼元邀請我們去看電影，或是參與某些假日的休閒活動時，我注意到瑪利亞很少和他走在一起，也很少同他說話。有一次，繼元走近她，她卻逕自走到馬路對面去了。瑪利亞對繼元的厭惡感越來越明顯，明顯到我開始為繼元感到難過。一天，我看見繼元獨自在花園裡，突然間，我那天真的同情心湧上心頭，我走到他身邊，脫口而出：「我嫁給你好了！」

我們用洗衣板衝浪

我對旅居日本的最後一個回憶，是我們在著名的葉山海水浴場度過的暑假。當地的海灘非常美麗，又經常擠滿了享受日光浴的人們；來日本過暑假的若瑟和我，我們倆每天到海邊去——我們最熱中游泳了，我們會在海水中泡上好幾個小時。

很快地，我們便發現有許多男士拿著一塊板子到處巡游，當大浪來襲時，他們便跳上板子，乘浪而行，一直衝到沙灘上，那看起來真是棒極了！

我倆索性坐在沙灘上，觀看這種新式的運動，直到學會竅門為止。但我們要上哪兒去找這種板子呢？那看起來像是特製的東西。當然，我們絕不可能向父親要求這種奢侈品，所以，我倆決定向洗衣房借兩塊洗衣板來。

我們將自己裝備好後，便小心翼翼地展開這項新運動，待我們慢慢進步後，便開始大膽起來，經過幾次成功地騎乘在更大、更強的浪上後，我們的膽子也變得越來越大。幾個小時過去了，正當我們志得意滿之際，赫然望見一堵巨浪朝我們逼近，我們大聲歡呼著跳上了木板，以為自己正馳騁在巨浪上！天啊，其實是大浪在我們之上。

我們被捲進一道水牆，海水從四面八方衝擊、推擠著我們，我彷彿就要窒息了。浪濤帶著我前仆後仰、翻來覆去、上下推擠，直到我頭昏眼花、暈頭轉向後，才將我吐在沙灘上。當我終於睜開雙眼時，我看見若瑟焦急地四處探望，我大夢初醒——我們的洗衣板不見了！那可是借來的啊！我倆苦惱地到處搜尋，卻怎樣都找不著。

突然，我們看見一位高大的外國男士朝著我們走來，他的臂膀下正夾著我們的洗衣板，而他的眼神中滿是笑意，他必定從頭到尾目睹了我們的狼狽。因此，當他親切地將洗衣板遞給我們時，我甚至沒說聲「謝謝」，就抓起板子、從這個可怕又丟臉的現場拔腿跑了。

05 父親回國述職

一九四四年十月，父親任命為外交部長，我們便離開日本，回到了滿州。儘管我很高興回到祖國，但我的確很享受旅居日本的時光，因為我感受到那塊土地及人民的友善。我懷著感激之情，銘記我從這裡的人民所得到的許多禮物，他們是帶著如此真誠的友誼及文化來給予我的。

我常想起自己充當母親翻譯時多次觀賞的茶道，我永遠也無法習慣那特殊茶葉的苦味，但看女主人從煮茶到奉茶，都是如此隆重，幾乎像是實行禮儀一般，這一幕使我對他們的文化留下了某種獨一無二、深刻，甚至可說是神聖的印象。

在父親回國述職的旅途中，我們經過日本、韓國返抵滿州，我們注意到充斥四處的緊張氣氛；不到兩個月，日本偷襲珍珠港。原來世界大戰的氛圍，早已瀰漫在空氣中了。

返抵家門後沒多久，父親開始工作。但父母親首先要面對的是姊姊那令人心碎的婚約。雖說這事出人意料，但父母親也早已知道，那是無可避免的了。在我們家，沒有人可以反對父親的意願。然而，越來越明顯的是，瑪利亞無法接受也無法繼續順服父親的決定——嫁給繼元。幸好，她是父親最疼愛的孩子，父親雖不樂意，最後還是同意解除婚約了。

婚約解除後，瑪利亞離開滿州到上海去了，在那裡，她進入了聖心會修女們創辦的震旦女子文理學院。我則在新京的日本中學繼續我的學業。

戰爭爆發後，我們的課業曾因工廠的工作而一度中斷。我們會在工廠裡擦亮砲彈，或是在高大的通信大樓裡學習長途電話的接線作業。在日本職業婦女的監督下辦公，給了我一個與他人合作的新經驗。我觀察那些管理我們的人，發現個性多麼影響一個人的工作，這也給我留下很深刻的印象。就拿那兩位負責教我們工作的女士來說吧，她倆的工作完全相同，但在教導我們時，一位表現得親切、溫和、討人喜愛，另一位卻顯得沒有耐心、令人難以親近。

我已不太記得自己這兩年半裡讀過什麼書了，但我卻記得自己接受了大量的體能訓練。冬天時，我們在零下的低溫中溜冰好幾個小時，而且不准穿暖和的衣服；夏季時，我們跑步、競賽、跳高、攀爬、行軍、做好幾個小時的體操運動。我在十年日本教育中所學得的知識可能不多，但有一件事卻是我應不斷感謝的：在日本斯巴達式、有系統的嚴厲訓練下，我那始終讓大姨擔心的虛弱身體及不穩定的健康狀況，已變得十分健壯，而這身體在我長壽的生命歲月中，為我提供了很好的服務。

永別了，親愛的大姨和家鄉

在我十六歲那年，大姨過世了！在我獲得信仰的恩賜之前，我的心始終得不到任何的撫慰。

這個消息來得突然。

一天，當我從學校返家，我們的老僕人漫不經心地對我說：「妳的大姨前陣子走了，但他們不想讓妳知道。」當時我的弟弟若望在北京念書，所以書房裡只有我一個人，我快速地鑽進房裡，關上門，坐在椅子上。我想哭，卻哭不出眼淚，一陣陣湧起的哀傷，哽在心頭，我的心就要碎了。

無疑的，家人不想讓我難過，所以沒有人和我談起大姨；但是我想談談大姨，想找個人跟我一起哭泣，但我找不到任何人。最後，我只有將這隱密的痛苦及憂傷埋藏在心底——在那兒，我與我的大姨談心。但因為當時我對死亡一無所知，所以也不知道大姨到底如何了。

在我領洗後，耶穌為我所做的眾多事中的第一件——因為我所有的渴望都呈現在祂面前——就是照顧我的大姨。我非常肯定，耶穌必定以最豐富的降福賞報了她。

*

瑪利亞在上海待了大約一年，便因嚴重的結核病回到家中，瑪利亞的病讓我的父母非常憂傷，尤其是我的父親。他們盡一切努力恢復她的健康。幸運的是，滿州乾燥的氣候對治療這種疾病最有幫助，加上營養豐富的食物，瑪利亞的身體狀況迅速地改善了。

父親不許姊姊再回到上海，她只好待在家中，直到我們全家遷往南京時為止。一九四五年二月，父親被任命為駐華大使。不過，打從一開始，父親就覺得他不會在南京待太久（他是多麼正確！），因此，我們只打包了輕便的行李，家中的每個房間都原封不動地保留了下來。

當時，我們萬萬想不到，我們再也不會回到我們親愛的家鄉了。

熱鬧非凡的過新年

在我總結東北的生活之前，我還想再加上一段這時期裡歡欣快樂的往事：在家中慶祝傳統的中國新年。

當我們離開哈爾濱後，就幾乎不再邀請朋友到家中來了，因此我們的家總是安靜的，但過年那幾天例外。

那時，許多親戚來到家中：舅舅、阿姨、表兄弟妹們……，他們占據了屋內所有的可用空間，大夥必須分批吃飯。過年前幾天，我們就將選定的豬公獻給灶神，以此儀式拉開過年的慶祝序幕。幸運的是，我們的廚房是在離家後門幾碼遠的一棟分開的建築裡，空間很大，有一個很大的門供人出入。家中所有的人都得在廚房裡參與這個儀式。

那隻五花大綁、一路哀號的豬公被幾個健壯的人抬了進來。當豬公安置在灶神前的小供桌時，有人會將一杯酒遞給身為一家之主的父親，父親將酒倒進豬的耳朵裡，在那當下，我們都要跪下給灶神磕頭。豬公兇猛地扭動反抗著，發出可怕的哀號聲。見到這怵目驚心的景象，我會奪門而出躲藏起來，直到豬公被抬出去宰殺為止。

第二件大事就是要包幾百個餃子，此時，會邀請家中所有的婦女幫忙。於是，我所有的姨媽及屋裡所有的女人，全都被叫去包餃子，那得花上好幾個小時才能完成。

當除夕夜的鐘敲響十二點時，各式各樣的鞭炮也點燃了，為了歡迎財神爺，鞭炮聲越大越好。緊接在鞭炮之後的就是吃餃子，你愛吃多少就吃多少，那是盡情歡樂的時刻。

此時，若瑟有一個特別的責任。身為家中的長子，午夜過後他必須到離家最近的一個十字路口去，為祖先燒一大堆的金紙、銀紙。我不忍見他在這凍人又死寂的夜晚獨自出去，所以我總是陪他去。無論我倆爭鬥得多厲害，在某方面，我們是分不開的。

過年當天，我們一起床就去向父母磕頭，然後他們會發給我們每人一個紅包。那個紅包非常重要，因為享用過當晚的大餐後，我們整個家族——舅舅、姨媽、表兄弟們，就會聚在一起賭博，而父親總是當莊家。要是幸運的話，我們會賺到雙倍，甚至是三倍的紅包錢。那晚總是非常令人興奮，每當父親淪為輸家時，他總是最快樂的一個。

過年的歡慶一直持續到正月十五。那一晚，用過晚飯後，我們會將自己裹得暖暖的，然後乘車到城裡最熱鬧的地區；城中的街道已是張燈結綵、燈火通明，滿滿過節的氣氛。每年的這一天，人們從四面八方蜂擁而來，當地的居民都會表演他們有名的高蹺舞，那真是美妙極了：跳舞的小姐們身穿古代裝束，手裡拿著華麗的扇子，踩著超過一米的高蹺，在覆蓋著冰雪的街道上婆娑起舞。藝術的花燈及裝飾得別出心裁的花車處處可見，那真是一場視覺的饗宴。

對我來說，東北慶祝過年的興奮及歡樂氣氛是相當獨特的。每一年，當它即將來臨之際，我都習慣數算距離的月份與天數。我們離開東北後，我就再也沒有體驗過同樣的年節氣氛了。

從北京到南京

我們在一九四五年二月離家，在火車上待了一夜後抵達北京。我們在北京待了五天，旋風似地跟隨父親出席各項活動：如此多的宴會、如此多的娛樂。北京的氣氛與滿州截然不同，北京的古蹟令人驚艷：富麗堂皇的故宮、天壇、花園，我們所到之處無不受到高尚的禮遇，這出自純粹中國文化的一切令我印象深刻，並使我感到既欽佩又驕傲。

與北京一切優美的人事物接觸後，我不禁想到，我們的祖先來自中國，只要我們努力並學習如何擁有這些優美的事務，所有歷史及文化的財富——無論是精神或道德方面——都屬於我們每一個人，不論是住在東北的繼承者，或是住在當地的北京人。

那難忘的五天結束後，我們搭機前往上海。那是我第一次搭飛機，除了機艙中非常冷、機上乘客不多、飛機非常小，我對那次的經驗記得並不多。但有一件事我忘不了：當我們從北京起飛後不久，飛機翱翔在雲海之上，我感覺自己進入了另一個世界——一個沒有聲音、沒有變化的世界；一個沒有變動、但卻充滿生命的世界。這世界如此美麗、如此神秘，它的寂靜與平安著實令我著迷。但不久後，雲彩散去，我們便能望見下面的風景了。

當我們抵達上海、飛機準備著陸時，我卻感覺是地面上的樹木與房子都前來與我們會合。

我們一下飛機就淹沒在茫茫人海中。那晚享用過一頓精緻的餐宴後，我們被載到劇場觀賞一齣戲劇，劇中描述一群歷史英雄推翻滿清的革命故事，演員們演技精湛，看著劇中的女英雄受苦，犧牲自己的生命，充分展現出她的勇氣、高貴、與愛國情操，台下的我不禁感動落淚。

在上海這兒，我第一次接觸到真正的「南方人」，他們接待我們的高尚禮節，以及流利方言所展現出迷人的表達方式，無不使我深受吸引。相對於南方人活出中國文化的方式，我們這些北方人在他們眼裡必定像群野蠻人——我想，我們也真是如此。

經過一夜的休息，我們乘火車前往南京。火車到站時，許多官員都到車站來迎接我們，我們隨即被載往大使館。它位於一條著名的大道上，建築本身十分雄偉，裡面有許多富麗堂皇的大廳，然而，我並不喜歡它。供我們居住的大使館宅邸儘管裝潢得時髦又舒適，但住在那裡無法享受自由、也沒有隱私。我真希望我們可以搬離那裡，擁有我們自己的家，就算無法享受大使館提供的便利與服務也無妨。

其實，我無須憂慮此事，因為父親的職務很快就結束了。

在此同時，我被送到國立南京大學就讀。對從未上過中國學校的我，現在突然被丟進這所教授最優美中國文學的大學！我在班上的混亂真是可想而知，我感覺自己完全不屬於那裡。然而，父親堅持要我待在那兒，我只好每天忠心地坐在那群有學問的同學們中間，看他們興致勃勃地討論如何用現代語言表達古典詩詞……，等等高尚的主題。

感謝天主，我在那所大學的課只持續了四個月，就宣告終結。

06 家變與瑪利亞的領洗

一九四五年八月十五日，第二次世界大戰結束。不久，父親的職務也結束了。約一個禮拜後，幾位美國軍官前來接收我們居住的這棟大使館，做為他們的南京指揮中心，要求所有人盡快撤離。

我們很快地搬進一間位於山丘上的小房子。接著，父親派若瑟到車站去買回東北的車票。當若瑟空手回來報告說「所有通往滿州的交通都已中斷，沒有車票可買」時，父親開始驚慌失措了。既然什麼也做不了，我們只有等待，看看事情如何發展。

漸漸地，我們在新家安頓了下來，那是一棟兩層樓的小房子，有一個老式的廚房。儘管生活不便，我卻喜愛這裡勝過大使館，因為我們全家聚在一起、也有自己的隱私。

然而，當時的我並不知道父親承受著巨大的壓力與焦慮：全家困在這裡，沒有親戚、沒有朋友，也沒有產業！父親沒有了工作，只能日復一日地查閱報紙，想盡辦法找到回鄉的管道。而且南京的局勢一直很不穩定。

然而，我很喜歡我們的小家。我們雖然生活困頓，卻是自由的；沒有訪客，也沒有人注意我們。

我負責家中的三餐。因為我們必須很節儉度日，因此，每天早晨我都會騎著腳踏車到市場走走看看，邊觀察邊學習如何精明地討價還價，好能以最低的價錢，買到最好的蔬菜與肉類——我絞盡腦汁設法以最少的開銷，去煮出美味的菜餚來。那年，當中秋節來臨之際，我甚至大膽嘗試親手製作月餅。

中秋節當天，我還記得父親坐在小小的飯廳裡，看著我弄月餅餡和烤月餅；父親眼中露出的溫柔目光，是我從未見過的。這些未知與焦慮的等待日子，慢慢地轉變了父親，他從一個嚴苛、沒有耐心、性格強勢的人，轉變為一個溫和、謙讓、安靜的人。

我猜想，或許這新的生活方式與截然不同的境遇，使父親憶起了他的童年——那時的他非常清楚什麼是貧窮、謙卑及羞辱。當我回顧這事時，我看出這實在是天主最仁慈的眷顧，祂賜給父親這段過渡時期，好預備迎接即將臨於他的悲慘與磨難。

父親入獄！

十月四日早晨，剛過九點，我們結束早餐、我和若瑟還在廚房裡善後，門外傳來一陣敲門聲。當我打開門時，幾位拿著手槍的男人闖了進來；我的父母正坐在客廳裡。一位男子問我父親是否是從滿州來的大使，父親平靜地回答他：「是的，我是。」我想，父親的鎮定影響了這位男子，他們並沒有捉拿父親，而是很有禮貌地說：「請跟我們走。」然後他們就等父親做好準備。

父親什麼也沒拿，只是換上他的鞋子——他當時還穿著拖鞋——拿了我遞給他的外套後，他望了母親一眼就走出屋子，進到停在門前的車裡。

我們幾個孩子全都愣住了，只有母親保持鎮定地說：「我們必須知道他們把你們的父親帶到哪裡去了，然後我們要把他需要的東西送過去。」聽到這話後，若瑟騎上腳踏車，我和母親則忙著打包床褥、衣物及其他的東西。

下午時，若瑟帶著我們需要的消息回到家中。感謝天主，父親被載到離我們家不遠的一所監獄裡，所以我們可以把包好的東西全送過去。父親一被帶走，母親就決定若瑟回上海念書，若望在南京繼續他的高中學業；至於我可憐的姊姊，經歷一連串的變故後肺結核復發，因此，我留在家中幫忙母親並照顧瑪利亞。我非常驚訝母親的表現。看似始終活在父親庇蔭之下、被父親保護珍惜、好似非常脆弱的她，轉眼間成為一個強有力的支柱，引導著茫然的我們。

母親要我每個禮拜送東西到監獄給父親，因此，我成了監獄大門前的常客，漸漸地，守衛們也對我越來越和善，他們承諾會將一切東西交給父親：食品、日常用品，甚至我寫的信和紙條。

那些守衛的善良及同情心，很令我感動，因此我請求他們務必好好對待我的父親。我想，他們一定覺得我很天真，但他們能理解我的心情，也很感動我周而復始、風雨無阻地出現在大門前。

大約過了四個月，一位守衛把我叫到一旁，低聲對我說：「叫妳媽媽明天十點來，妳父親要轉到另一個地方，她可以和他共度一小段時間。」他說的果然是真的。隔天早上十點剛過，父親就在這位守衛及另外幾位的陪同下走出獄門，這是父親入獄後，我的父母第一次相會。父親移送另一所監獄後，我就再也沒見過這守衛了。但我沒有忘記他，而且我知道天主也記得他。

父親被捕後，家中又經歷了一次變動。

與父親同在大使館工作的兩位秘書也被逮捕了，他們的妻子要求共用我們的小屋。就這樣，我們的房子被切割為三區，大家共用廚房和浴室。瑪利亞無法接受這件事，導致她的病情迅速惡化，終至臥病不起。由於若瑟和若望仍在求學，我們的經濟狀況已無法送瑪利亞去醫院治療，只好由母親與我在家中照顧她。

我繼續到監獄探訪父親。透過牆上一個兩呎見方的洞，我可以看見父親走近這個會客地方，父親旁邊會有一位守衛，站在稍遠處監視著。父親臉上露出溫和柔順的表情，他的眼神裡的慈愛更是明顯。問他過得如何時，他的回答很少有變化，總是這一句：「我很好，叫妳母親別擔心。」但他對母親及瑪利亞卻總是關心地問著一大堆的問題。一段時間後，母親去見了父親，與他討論即將受審的問題，母親建議他請一位律師，但父親拒絕了，他說「我會為自己辯護的」。我想，父親是為了我們而省錢，才決定不聘律師的。

瑪利亞的領洗與病逝

若瑟過年時回到家中。看到瑪利亞的病情，他非常心痛。瑪利亞因為失血過多而消瘦虛弱，已無法從床上坐起來了。瑪利亞見到若瑟非常開心，她對他表示「想見神父」；若瑟明白，瑪利亞是想要領洗。

起初，母親很反對，她說「我們是佛教徒」。但當她知道瑪利亞已瀕臨死亡，而這是她最後的心願時，母親就同意了。

在一位商家老闆的指引下，若瑟找到國府路上剛建好的聖堂，見到了耶穌會的牧育才神父（Fr. Murphy）及他的同伴們，他們是加州省耶穌會的傳教士；最近才從日本在上海的集中營裡釋放出來。他們在南京建立了耶穌會的會院，及一所男子中學。

牧神父是一位高大英俊的年輕神父，也是他們的院長；他於一九四三年三月十八日在集中營裡祝聖為神父。當若瑟將瑪利亞想見神父的願望告訴他時，他立刻騎了單車，與若瑟一同來到我們家。那天下午，他與瑪利亞長談了好幾個小時，離去前他告訴我，明天早晨他會與另外兩個人一起來，要我準備一張桌子，桌上先鋪好白色桌巾。

那個寒冷的二月早晨，我至今記憶猶新。

微弱的陽光從窗口照進瑪利亞的小房間，牧神父約十點左右抵達，與他一同前來的，還有一位美國神父及一位年輕女士，她自我介紹是Christina任。牧神父以流利的中文向母親和我解釋說，瑪利亞充分認識教理，他現在就為她舉行聖洗聖事，也會讓瑪利亞領聖體。

牧神父說完後，Christina開始用她帶來的蠟燭及花朵裝飾小桌子；然後神父牽起母親的手，讓她靠近Christina，一併站在瑪利亞身旁。我則充滿好奇地擠進房間，站在若瑟身後。

我沒看清楚完整的儀式，但牧神父念著、而我聽不懂的奧妙文字，則是句句都聽進耳裡。大約過了二十分鐘，牧神父要我們恭喜瑪利亞。我走近瑪利亞，她那雙明亮的大眼睛注視著我，儘管面容消瘦，卻泛著美麗的玫瑰紅。瑪利亞一句話也沒說，但那容光煥發的神情已對我訴說了一切：她致命的疾病已無法掌控她，超越人能理解的平安，充滿她的心靈，唯有天主能給的圓滿喜樂，已完全為她所有。

雖然我當時並不了解這一切，但我知道幸福的喜樂完全占據了她寶貴的心，她一整天靜默，好似沉浸其中。當晚我上去餵她時，她慈愛地望著我，說她什麼也不想吃，只要給她一口水就可以了。

隔天早晨，還不到七點，牧神父與另一位神父已站在我們家門口了。當我驚訝地打開門時，牧神父只說：「別麻煩，我們來看看瑪利亞，很快就會走。」他們爬上搖晃的樓梯，關上了瑪利亞的房門。大約十分鐘後，他們走下樓梯，將一個小杯子遞給我，杯中有一點水，他們叫我將杯中的水倒在花園裡，就離開了。我充滿好奇地衝到瑪利亞的房間，看到她閉著雙眼躺在那兒，沉浸在最深的平安與滿足中。

我呼喚她，但她沒有睜開眼睛，也沒有回答我，我有些困惑。下午四點後，牧神父獨自回到我們這裡，說他只是來給瑪利亞「天主的降福」，就消失在瑪利亞的房裡了。

時值雨季，通往我們家的上坡路已成了泥濘的道路，但牧神父無所畏懼，每天早晨由不同的神父陪同著來到我們家。待我成為基督徒後，我才明白他當時是來給瑪利亞送聖體的，而下午則踏著雨水和泥巴，來給瑪利亞降福、與她談話。

我被這樣的慈善與忠實深深打動，尤其當我注意到姊姊有了很深的轉變，一股不尋常的平安與寧靜籠罩著她，她越來越少談論周遭發生的事，也不太在意自己了。她變得很安靜、相當滿足，我也注意到在她美麗的眼睛裡，透露出很深的注視，有時，好似有一抹淡淡的微笑隱藏其中。

有一天，她指著房裡的幾只皮箱——那裡面裝滿了她的衣服——對我說：「我不需要這些衣服了，妳拿去吧。」我告訴她：「妳留著它們，因為我要妳好起來。」然後她說：「妳想不想成為一個天主教徒？」我說：「不，我們是佛教徒。」然後，她注視著我，非常緩慢地說出：「等我到天堂時，我會為妳求得信德。」我當時不明白她的意思，但我永遠不會忘記她是多麼鄭重又費力地說出這些話，因為她已經呼吸困難了。

牧神父依舊每天早晨及下午來我們家。大部分的時候，他會花一小段時間與瑪利亞談話。一天下午，他帶著于斌總主教來看瑪利亞。當然，我們並不知道這位總主教是誰。當他踏進我們家時，我看到這麼一位高貴、魁梧、又健壯的人爬上那非常狹窄的樓梯時，真是令我心驚膽戰，深怕吱吱嘎嘎響著的梯子會垮下來。總主教彎身聆聽瑪利亞微弱的話語時，我恰好站在瑪利亞的房門前，看見總主教尊嚴又沉靜的表情，轉為難以言喻的慈愛與憐憫。

我聽不見總主教說話的聲音，但我看見他不停地點頭。他站在那兒與牧神父說了幾句話，然後轉向瑪利亞給她降福。當他看見我母親，便走向她說：「我會照妳女兒要求的，為妳的丈夫盡一切努力。」然後，他便與牧神父一同離開了。

一天下午，牧神父帶了一位美國醫官來，為瑪利亞注射減輕腹腔疼痛的藥；母親與我，根本不知該如何幫忙瑪利亞減輕痛苦——儘管瑪利亞什麼也沒表示。但是牧神父看出我們的處境，這是他幫助我們的方式；難怪母親變得這麼依賴牧神父。對一無所有又無助的我們來說，他就像一位帶來安慰的天使。牧神父每天都到我們家來，他的出現好似一道陽光，總是令我們如此喜悅，而且，無論何時見到母親，他總是能說出仁慈又善解人意的話語，甚至給母親一個擁抱。

瑪利亞過世前兩三天，我為她整理床鋪，當我試著稍稍扶起她時，一個很大的十字苦像從她肩上滑落。我既驚訝又憤怒，她已經這麼消瘦虛弱、病得這麼重，而且不斷地忍受疼痛，為什麼還要將一個這麼殘忍的重擔放在她受苦的肩上？

當我試圖拿掉它時，瑪利亞擋住我的手，以幾乎聽不見的聲音低語說：「祂和我在一起背十字架，這是牧神父的苦像。」我想，這是我聽到她說的最後一句話。

她在世的最後一天，三月一日中午，我照常去給她幾匙的水。她喝得很少，然後她目不轉睛地看著我，好似想和我說話，然而，她當時已失去說話的能力了，但她以她美麗、會說話的眼睛，如此地注視著我，幾乎將我釘在地板上了，因為我無法也不想離開她。我不知自己在那兒站了多久，直到我覺得應該讓她休息了，於是我對她說：「妳休息吧，我會回來的。」她仍舊注視著我，我慢慢地走向門口，她以眼神尾隨著我的每一個腳步。到了門邊，我回頭看著她，她眼中的光亮似乎在對我訴說某件我還不知道、或不了解的事。終於，我打開門走了出去。

下午兩點，母親從樓上喚我。當我進入瑪利亞的房間時，她對我說：「妳的姊姊走了。」我走近親愛的姊姊，看見她的眼睛輕輕地闔上、嘴唇微微張著。她看起來如此平安，沒有任何痛苦與掙扎的跡象，就像是睡著了一樣。我摸了摸她的手腳，已經涼了，她必定是在我離開後不久就走了。當她以充滿不可言喻的奧秘眼神看著我時，是在向我道別？或者她在告訴我，當我跨越生命的彼岸時，她會在永恆等著我？

瑪利亞過世後的那幾天，我像活在一團迷霧中，記不起任何事——只有一件事例外，我記得牧神父邀請我們到主教座堂參加瑪利亞的殯葬彌撒。瑪利亞的殯葬彌撒由于斌總主教親自主禮、牧神父輔祭。在整座大聖堂中，我們是唯一的參禮人。當然，除了在瑪利亞兄弟會受教育的若瑟之外，我們對彌撒的價值一無所知。

日後，當我成為基督徒時，我才了解牧神父對我姊姊的重要性——他是她靈魂的善牧，他餵養她、安慰她、加強她的力量、將她背在肩上，直到他看見姊姊安全地通過天國之門。

多年之後，幾位耶穌會的美國神父告訴我，姊姊是牧神父晉鐸後，天主召叫他去照顧的第一個病人，因此他全心全力、盡善盡美地照顧她；他在姊姊身上充分彰顯出牧者的特色。

若望的痛苦

當父親入獄時，若望才剛滿十六歲。母親與我忙著照顧父親與瑪利亞，因此，我們幾乎沒注意到若望是否在家。由於他就讀的學校也沒有通知我們，我們並不知道若望常常翹課、沒去學校。

若望在這個時候交了壞朋友，開始抽菸與喝酒，且常在舞廳跳舞。瑪利亞過世後的一天，若望沒有回家吃晚餐；母親發現她放錢的盒子不見了。母親極度焦慮，我知道，除非讓母親清楚知道若望身在何處，否則她是不會得到安寧的，甚至還可能會急出病來。我告訴母親，我馬上去找若望回來，然後我就上街去了。

我不知道該做什麼，我便到火車站去，心想或許若望會到上海去看若瑟。因此，直到午夜，我都在每列開往上海的火車上找尋若望的身影，但他並不在那兒。當我回到漆黑的家中時，我怕面對母親，怕看見失望的母親。感謝天主，她已經睡著了。

第二天清早，一位警員在我們家門前出現，他要我同他走一趟警察局。當我們到達警察局時，一位警官將若望帶了進來。他們是在舞廳將若望帶回來的。若望在舞廳裡舉槍要自殺，是一位坐在鄰座的男士救了他；感謝天主，他的動作夠迅速，將手槍從若望的手中打落。這位警官將手槍遞給了我。

若望站在這位警官身旁，他如此蒼白憔悴、衣衫凌亂不整，以及如此茫然。這是我的弟弟，我母親最鍾愛的孩子，但他看來是多麼的孤單、無助及絕望。

一股憐憫之情升起，我走上前去牽他的手，將他拉到我身邊，我告訴警官若望是我的弟弟，我會照顧他。然後我將手槍交給了警官，謝謝他之後我們便走路回家了。在路上，我什麼話也沒說，若望也沒有，我們只是握著對方的手。進家門前我對他說：「若望，好好照顧我們的媽媽，她很愛你。」

我相信若望始終沒有忘記我的話，因為四十多年來，當若瑟在美國、我在台灣，若望是唯一與母親一起生活、照顧母親的孩子。七〇年代，大陸開放後，若瑟到北京去探望母親和若望。母親很健康、生活無憂無慮，她與若望的小兒子很快樂地在一起，那常令母親回想起若望小時候的樣子。最後，也是若望在一九九一年十二月二十一日，為母親闔上了雙眼。

07 我的皈依路

瑪利亞下葬後幾天，母親想去拜訪牧神父；她想念瑪利亞，唯一能了解她的人就是牧神父。我很驚訝母親會主動拜訪牧神父，但這些日子以來，母親得到的安慰是這麼的少，我願意做任何事來支持她。就這樣，我們坐著三輪車到了牧神父的聖堂。聖堂的寧靜庭院，令人喜悅。

牧神父以深切的理解及感人的親切接待了母親，好似他是我們的家人一般。他的中文非常流利，使母親感到自在，且真的對他敞開了心扉。經過這漫長的幾個月，看到母親得到了安慰，我總算放心了。當我們站起身來準備要離去時，母親轉向我並告訴牧神父：「我希望這個女兒也能領洗。」神父微笑著說道：「她必須先聽道理才行。」然後他轉頭對我說：「妳來，我會教妳。」

我當時驚訝得不知該說什麼才好，然後，我與母親便離開了教堂。

日子一天天地在家中慢慢流逝。若瑟回到震旦大學念書，若望也返回他的高中，我與母親待在家裡。母親並沒有與住在樓下的太太們交往，而是待在樓上、她的小佛堂裡，她在那兒唸很多佛經，忙著整理父親的衣物，好讓我每星期送過去。至於我，必須與這些太太們做朋友，畢竟我們共用廚房及浴室。她們對我很好，還教我怎麼做飯，並把一些有用的理家知識傳授給我。

一天，我非常渴望去拜訪牧神父，看看他們的庭院。在母親的鼓勵下，於是我騎上腳踏車，找到了那個地方，膽怯地溜進了聖堂，那兒空無一人。當我步出聖堂時，牧神父就站在庭院看著我，說道：「看來，我們可以開始上課了。」我不知道該說什麼，就乖乖地跟著他，到他們的臨時接待室去，在那兒牧神父給我一對一地上了第一堂要理課——論天主的存在。

我還記得牧神父說這句話時的樣子：「即使用上我們全部的科學知識，都沒有人可以創造出一小片葉子來。」我非常驚奇，我從未想過這類的真理。一小時後，牧神父領我回到聖堂，告訴我明天再回來。當我騎著腳踏車回家時，我感覺自己如此清爽、清新、放鬆，便一路唱著歌回家去了。

信德的恩賜

那一年（一九四六年）的復活節主日是四月二十一日，牧神父邀請我去參加他們的大禮彌撒。當我抵達時，聖堂內已擠滿了教友，正同心合意地大聲誦唸某種經文，這使我想起在滿州時，我和母親常去的一間佛寺，那兒的出家師父可以和信眾們連續不斷地唱上好幾個小時的經文。

彌撒開始，有人彈風琴、有人唱歌，氣氛隆重而喜樂。進行到某一階段時，牧神父上台講道。我不太記得他說了些什麼，只記得他提到了原子彈，但他卻說成「原彈子」，逗得我差點就要笑出聲來，但見大家都那麼嚴肅，我只好克制自己，像大家一樣乖乖地坐著。

彌撒結束時，我知道我得到了「信德的恩賜」。如何得到的？我不知道。我也無法以言語解釋這個「信德的恩賜」，我只知道天主把它賜給我了，至於祂是怎麼做的，我無法解釋。

即便是現在（二〇〇九年），在我寫這幾行字時，我仍然無法說明天主是用什麼方法把信德賜給了我，但我「知道」祂給了我。

當時的我只知道：有一位天主是我之前不認識的，而這信德使我認識了祂，現在我屬於祂；牧神父的庭院就是教會，這個信德使我屬於這教會；我看見那裡的信眾，信德讓我知道我是他們的一份子。然後，我想起瑪利亞臨終前對我的許諾，所以她現在是在天堂了！是她——我親愛的姊姊——為我求得了信德，我知道她會看顧我。

從那天起，我幾乎天天到聖堂。只要一做完家事，買完菜、煮好飯、洗好衣服，我就匆匆地騎上腳踏車。母親很高興我受神父們的影響，也很高興我喜愛聖堂的氣氛。牧神父把我介紹給郝繼隆神父（Father O'Hara S.J.），他是一位非常溫和、仁慈、幾乎像母親般的神父。很快地，他將每天教導我的工作接了過去，他對我宛如一位父親，又似一位守護者。他很難過我無法繼續求學，因此，他盡其所能地幫助我善用我所能支配的時間。那時，正好有兩位來自愛爾蘭洛雷托修會的修女，她們在聖堂前空著的大廳教授英文，只要想學英文的人都可以免費參加。郝神父立刻推薦我加入。

因此，每天早晨買完菜後，我便趕到聖堂準時上課。我非常喜愛這些課程，修女們都是很優秀的老師，我們這些不同背景、程度及年齡的學生，美妙地融合在一起，很快地，大家都成了好朋友，我們的課業也都進步了。

瑪利亞過世後，生活裡的一切都變得沉重，但我在這些課程裡的時光，卻是光明、充滿快樂的挑戰。我感覺到自己恢復了年輕人的朝氣與渴望。

在那幾個月裡，有一件事是我永難忘懷的：我最後一次看見我父母走在一起，安靜地彼此談話。

那是五月的某一天，地點是一條長長的走道，直通到一個密閉的大庭院，這庭院成了臨時的審判廳，父親在那裡接受審判。政府通知我們開庭的日期，我陪著母親到了法庭。很快的，父親被帶了出來。父親步出汽車時相當自由，沒有戴上手銬或其他的東西，這讓我鬆了一口氣。

我一看見父親，便牽起母親的手直往父親走去。兩個陪伴父親的警衛看見了我們，便比了一個手勢，讓我母親靠近父親，他們則退到後面去。我一輩子感謝他們的仁慈。距離審判廳約有百碼的距離，我走在父母身後；他們安靜的談話，彷彿是在家中一樣。一股驕傲之情自心中升起，我雖然聽不見他們說話的內容，但我看到他們如此平靜自在，好似身邊的一切都不存在了。當我們走到法庭時，兩個警衛走上前來，我看見父母彼此交換了一個眼神——默默無聲、卻充滿著鼓勵、支持、愛、與全然理解的眼神。

父親被帶走後，母親與我坐入前來觀看這場審判的人們中間，這場審判之後，很可能還有其他的審判。很快的，法官偕同幾位隨行人員進來了，父親站在被告的位置上，審判持續了半個多小時。無論是法官或父親，都是冷靜的說話，沒有人提高嗓門，因此，我們能聽到的對話並不多。審判結束後，父親站在原位，法官則與隨行人員離開現場。隔了一段時間，法官回來宣布判決：「監禁五年」。我望著母親，看到她臉上露出如釋重負的神情。

接下來還有其他的審判，母親與我就先離開了。

在回家的途中，母親告訴我：「那位好主教一定幫了我們，因為妳父親很可能像許多人一樣被判終身監禁的。現在，我們有希望回滿州了。」然而，我們怎會知道，天主有祂自己對我們的計畫。祂的計畫在當時看來完全無法理解、是一場大災難、甚至是殘酷的。但回頭看時，至少對我，或許對我們家中的每一個人——在當時的情勢之下，以及中國接下來幾年將經歷的——這樣的結果對我們真的是最好的了。

只有天主預知未來，祂以無限的仁慈與愛，為我們這個掙扎的家庭做了完美的安排。祂是真的在看顧我們。

我的領洗大日子

一九四六年八月初，郝神父告訴我，我已認識足夠的教理，神父們認為我可以在十五日，也就是聖母升天的日子領受洗禮。他們的會長殷保祿神父，會為我、我的朋友Maureen，以及另外三位男士付洗。郝神父細心地教導我如何省察良心及辦告解，好預備迎接最重要的一天。

領洗前夕，郝神父帶我到聖堂，我在那兒辦了總告解。我意識到自己真的是在準備新生——如同一個小嬰兒沒有帶任何個人的罪到世上來，我靈魂裡也不應存有任何的罪。接著，郝神父問我想取什麼聖名，我告訴他，我不認識什麼聖人，我也沒有特別喜歡的聖人。

郝神父告訴我，他的母親叫Margaret，他問我取這個聖名好不好？但一位溫和、安靜的Lesage神父卻說我應該取名Theresa（小德蘭），因為她是傳教的主保。最後，兩位神父去問了殷神父，殷神父決定我應該兩個名字都用，我就以Margaret Theresa聖名領洗了。

領洗當天是聖母升天節的大禮彌撒，我們五個人在彌撒中領洗、初領聖體。或許是隆重的氣氛使我太感動了，也或許是儀式的細節使我分心，總之，我記得的並不多，唯一記得的只有我與Maureen在一切都結束後，走出聖堂的情景。當時，我倆決定去享用一頓豐盛的早餐，好慶祝我們的新生。當我牽著腳踏車行走時，突然間一陣喜樂的波濤在我心中洶湧，我看著街上匆忙的行人們，一切都如此良善與美麗，然而我卻不屬於這一切，我屬於另一個美善——那是我尚未認識、尚不了解、卻吸引著我，使我感到飢渴的美善。我如此地喜樂與自由，以致竟忘了我身邊的Maureen。

從我領洗的次日起，牧神父庭院中的小聖堂強烈地吸引著我，我簡直離不開它了；每天一做完家事，我就騎上腳踏車飛奔到那裡去，待上幾個小時。當然，聖堂在上午的中間時段是空無一人的，我喜愛那裡的空無、平靜與靜默，每當我不得不回家陪母親時，我總是依依不捨。

08 父親離世前成為基督徒

九月初的一天，收押父親的監獄通知我們立刻到一家公立醫院去，但沒有說明原因。雖然不知道發生了什麼事，但我還是請母親先不要擔心，並立刻趕到那兒去看看。

沒多久，我就看見父親躺在擔架上，被送到了醫院。看見父親如此消瘦衰弱、筋疲力竭，我奔向他，幾乎倒在他身上。守衛們大概也被我的舉動嚇到了，所以沒有阻擋我。護士們隨即來到，輕輕地將我拉到一旁，告訴我父親要住院，如果我想要的話，每天都可以來探視他。

我一直留在那兒，直到父親舒服地躺在病床上。父親虛弱地說不出話來，但他的眼神卻露出很深的平安與安慰。我告訴父親，明天會與母親再來醫院的。警衛告訴我，父親在獄中受了很多苦，因為與他一同監禁的兩位秘書責怪父親害他們坐牢，但父親總是忍耐、從不反擊。漸漸的，父親因糖尿病越來越虛弱，警衛及其他囚犯很同情父親的處境，想辦法讓父親住院治療。

翌日清早，母親和我帶著親手烹調的俄國湯——那是父親非常喜愛吃的——來到了醫院。當我看見父親熱切地迎接母親，我便離開病房、關上門，在走廊上遊蕩，直到過了十一點，護士們開始分送病人的午餐為止。

痛苦轉化了父親

從那天起，每天早晨做完家事後，我先到聖堂，然後就趕往醫院，在途中買一些烤地瓜充當午餐。父親的身體雖然虛弱，卻非常喜樂。事實上，他從未如此放鬆，如此迫切地和我說話；他問了許多家中的事，並問我們每個人的狀況。我和媽媽商量好不告訴父親瑪利亞過世了，以免父親虛弱的身體承受不了這個打擊。因此，當他問瑪利亞何時來看他時，我便回答瑪利亞回學校唸書了，等聖誕節放假，會馬上來看父親的。

父親一向看重子女們的教育，也是因為這個原因，父親在醫院期間，從沒有提到要若瑟和若望來看他。加上他們三個很早就離家讀書，長年不在父親身邊，我們才得以瞞過父親瑪利亞過世的消息。

父親很少談到在獄中的生活，更少談到遭受的痛苦。他整個人都改變了，變得溫和、仁慈，對旁人為他做的最小服務，都表現出最大的感激。某些早晨，當我抵達他房間時，他會叫我去找某位護士，要我特別謝謝她；因為前一天晚上這位護士用了酒精替他擦背，為他緩解不適。

甚至父親的面容也改變了！他的神情不再嚴厲、令人難以親近，取而代之的是善解人意、忍耐的神情。看到父親身上的改變，我學習到，當我們好好地接受來到我們身上的痛苦時，痛苦這所學校真的能轉變一個人。

母親有時會與我同去探視父親，見到他倆安靜卻熱情地彼此談話，我快樂而安慰。當我們晚上回家時，母親會用一兩句話來向我表達她對父親的想法。在她心中，她真的以父親為傲，而我則以母親為傲。我看到他們的夫妻之愛是何等真摯，全心全意地愛著對方。

十一月末的一天，已進入寒冷的潮濕天，父親似乎更加虛弱了。我坐在父親身旁讀聖女小德蘭的自傳，那時父親瞥了我一眼，用幾乎聽不見的聲音、非常緩慢地說道：「妳姊姊很美，她結婚是沒有困難的，妳哥哥讀的是電機工程，找工作也不成問題，至於妳弟弟，他是你們中最聰明的，所以我不擔心他的未來。但是妳……，妳長得不好看，又沒有好好受教育……。啊，那就讓爸爸來照顧妳好了。」

我深受感動。父親已完全臥床又病得這麼重，但他對我們的掛念卻勝於自己，於是我說：「爸爸，只要你好起來，我一切都會很好的。」

父親住院的這段時間，我們常在一起，卻話不多，我們似乎只要藉著單純的在一起，就能深刻且完全地彼此相通。父親內心的某樣東西似乎流進我內，因為我感覺到他愛得很深，而我也學習去愛他。

十二月初，父親的背上出現了一個傷口，看起來並無大礙，但無論醫生與護士如何用心照顧，這頑強的傷口依然不見好轉。然後父親開始發燒，不停地昏睡。醫生向我解釋，這是糖尿病引起的，背上的傷口顯示他的身體已經沒有抵抗力了。與醫生對話過後的幾天——應該是十二月十八日——當我正要離開醫院時，醫生走近我，遞給了我一張紅色單子，是父親的病危通知單，父親可能只剩下幾天可活了。

我從醫院直奔聖堂；當我抵達聖堂大門時，幾乎是晚上十點了。善良的老門房見到我，二話不說打開側門讓我進去。我在黑暗中穿過熟悉的前院，踏上幾個階梯，打開了聖堂的門。聖堂內空無一人，唯有那盞小小的聖體紅燈迎接我。我跪在聖體櫃前，我們的主就在那兒。當我從聖堂出來時，牧神父站在門口。

我把紅單子遞給了牧神父，他望著我問道：「耶穌說什麼？」我回答：「信賴我。」我倆靜靜地走到大門，離去前牧神父特別降福我。那天晚上，我發了封電報給母親，她人正在上海，和我的兄弟們在一起。

翌日早晨彌撒後，我請郝神父教我如何向聖女小德蘭做九日敬禮。那是我第一次做九日敬禮，我選擇小德蘭，是因為在她自傳的結尾，紀錄了許多她死後行的奇蹟，我也想為父親求一個奇蹟。

「小珍，我要領洗。」

奇怪的是，我從沒想過為父親求治癒，我只希望父親死前能夠領洗。郝神父給了我一張聖女小德蘭的聖像，上面貼著她的聖髑，然後他給我一篇禱文，教我連續九天念這禱文，此外再做一樣自己選擇的犧牲。我當下就告訴神父，我會一連九天不騎腳踏車。於是我將腳踏車留在聖堂，開始徒步走到醫院。

一到父親身邊，我便偷偷將聖女小德蘭的聖像塞到父親的枕頭下，那是我九日敬禮的第一天——十二月十九日。二十一日母親從上海返回，我到市場去買食材，準備父親最喜歡喝的湯。那一晚，我睡在母親身邊。

那必是午夜過後，我聽到有人靠近我的耳邊，清楚地用中文說了這句話：「妳的父親會領洗。」那像是一個小男孩的聲音，我立刻清醒地坐了起來。母親見我這模樣，納悶發生了什麼事。我問她是否有叫我，她說沒有。於是我又躺下睡了。一段時間後——我不知是多久——我又清楚聽到同樣的話：「妳的父親會領洗。」這一次，我躺著不動，安靜地等著黎明到來。

母親與我一早煮好了湯之後，便到醫院去。當我們一踏進父親的房間，母親看了父親一眼，然後告訴我，她想和父親單獨相處。接近中午時，母親從病房裡出來，說她會到附近吳叔叔的家中等候，如果有任何事發生，我就到那兒通知她。於是，我坐到父親的床邊看著父親。父親的眼睛非常疲憊，但眼神卻溫和而滿足；我感受到父親的平安。

大約下午一點時，父親開始昏昏欲睡。不知為何，每當他閉上雙眼，我就開始大聲地喊：「爸爸！爸爸！」他便慢慢睜開雙眼看著我，最後，當父親幾乎睜不開眼睛時，我便坐在床邊不停地叫著：「爸爸！爸爸！」突然，父親睜大了雙眼，用手肘將自己從床上撐起、盯著我，以清楚地聲音對我說：「小珍，我要領洗。」我知道父親是清醒的，完全意識到自己在說什麼。

一聽到父親的這句話，我停止叫他。我的第一個直覺是親自為父親付洗，一如我在教堂裡學到的；但我無法信賴自己，因此，我以最快的速度奔向聖堂。

一踏進聖堂大門，我便求見牧神父，郝神父看見我，明白我希望為瑪利亞付洗的牧神父來為父親施洗時，他便前去代替正在上課的牧神父。牧神父立即進入聖堂拿聖油、聖帶、聖水等等，接著我們坐上人力車，匆匆趕往醫院。途中，牧神父問想給父親取什麼聖名，我沒多想便說：「多默，因為我們昨天才慶祝他的節日。」

當我們抵達醫院時，父親看似睡著了，我們叫不醒他。牧神父在父親耳邊為他所有的罪念悔罪經、信經，最後，施行了完整的聖洗及臨終傅油聖事。我跪在父親床邊，以父親的名義回答所有的經文。

牧神父大約下午四點離開醫院。

天主的平安籠罩著剛領洗的父親，連病床四周都沉浸在那股寧靜之中，讓人不忍驚動。我坐在父親身旁注視著他；父親正逐漸死去，但我並不哀傷，他領洗的事實占據了我的意識，使我內心感動久久不能自已。我把父親的最後時刻，獨獨留給天主，由天主親自陪伴彌留的父親。

一段時間後，我看到牧神父的聖水及聖油還留在旁邊的桌上；突然之間，我很渴望到聖堂去，於是我拿起聖水和聖油徒步前往教堂，那是我的心無須透過任何言語或行動，就能找到安慰與理解的地方。

教堂的老門房告訴我，神父們正在大廳與美國軍官開會。當我正想悄悄進入聖堂時，郝神父看見了我，他向我走來，對我張開了雙臂，我投入他的懷中哭了起來。我知道那不是悲傷的淚水，也不是失落的痛苦，而是我壓抑已久的淚水，是完全釋放的淚水。郝神父抱了我好久，然後他擦掉我的眼淚，問我是否想吃一點東西，我說不想。後來郝神父叫來一位軍官，請他載我回醫院，那時外面已是一片漆黑。

醫生與護士頻頻來查看父親的狀況，但父親已經一動也不動。大約過了晚上九點，他們要我先到外頭，當他們再叫我進去時，他們說父親已接近臨終，大概只剩下最後一口氣了。我很高興他們留我與父親單獨在一起，我握住他的手，他的眼睛是閉著的，他的嘴唇微微張著。慢慢、慢慢的，父親停止呼吸——那時是十二月二十二日，晚上九點四十五分；一切都如此平安寧靜。我的心亦然。

這一年，父親五十歲。

接下來的幾個鐘頭，爸爸跟耶穌在一起，我靜靜地跟爸爸在一起，感受著爸爸與耶穌在一起的平安幸福。

到了約午夜時，護士來了。他們將父親放在擔架上，準備送到太平間。我問他們，我是否能走在父親身邊、最後一次陪伴他。當我們慢慢地走在醫院的長廊上時，我不覺得自己是在陪伴一位死人，因為父親看起來如此有生氣、如此靠近我，我幾乎感受到他活生生的臨在。回到空蕩蕩的病房後，我等待旭日的第一道曙光，然後匆匆趕往吳叔叔的家。

　　我到吳叔叔家時，母親已穿戴整齊站在大門前。她一看見我便主動地說：「妳的父親昨晚大約九點半時走了。」我驚訝得只說得出：「媽，妳怎麼知道的？」她答說：「妳的父親有來看我，他掛念我們、捨不得離開。我向他保證，我們大家都會很好，他可以安心，然後他就走了。」仁慈的天主，讓父親平靜地在醫院離開人世，也讓父親親自來和母親道別、安慰母親。

　　十二月二十四日來臨了，那是我成為基督徒的第一個聖誕夜，我很渴望去參加子夜彌撒，但我不敢向母親提及我的渴望。中午時，我試探性地提起這件事，然後觀察母親的表情。母親顯得疲倦、孤獨又痛苦，我立刻知道自己該怎麼做了。那天晚上，我將晚餐準備好，哄母親與我一同享用，然後我告訴她，我會待在家裡陪她，隔天一早再去參加彌撒。母親顯然鬆了一口氣，早早就上床就寢了，那是自父親病危以來，她第一次睡得如此香甜。隔天早晨，在她醒來前，我已出門去望聖誕彌撒了。

聖神的光照

當我抵達聖堂時，郝神父已在更衣所換祭衣，小聖堂裡除了我，還有另一位老太太；在這個意義非凡的聖誕節，郝神父專為我倆舉行了這場清晨的彌撒。當我領完聖體、回到座位跪下時，內心深處突然靈光一閃——我會成為修女。

但此時的我，僅僅認識兩位愛爾蘭洛雷托修會的修女，還有幾位方濟各會的姆姆們；我對修女們的生活一無所知，甚至也沒想要成為哪個修會的修女。這些問題當時完全沒有進入我的腦袋，唯一確認的就是「我會成為修女」。

有了當修女的確信後，我還有另一個確信，這信息和父親的承諾有關：已經病重住院的父親，因擔心我的未來，曾慈愛地向我保證「他以後會照顧我」。

我思索著，如果「成為修女」的信息和父親的承諾有關，是否父親也要我知道：「他已在天堂了！」

彌撒一結束，我立即離開聖堂趕回家，我想與母親在一起。當我騎上腳踏車時，體認到「小耶穌真的降生了，他是天父送給這世界的禮物」的深刻平安與喜樂一路伴隨著我。但我知道心中還有某件事攪動著我，但我並不明白；或許我也不在乎自己明不明白，因為領聖體後在我內心裡的那份確定感，為我已經太多了。

很幸運地，在牧神父的幫助下，我們在瑪利亞的墓旁得到一小塊地，父親就安葬在他最鍾愛的女兒旁邊。當父親的喪事結束後，牧神父建議母親離開南京，到上海與若瑟會合，若望也可以在那裡找到合適的高中；牧神父也提議，他們或許能幫助我進入聖心會姆姆所辦的震旦文理學院，那也是瑪利亞幾年前在上海就讀的學校。

09 那盞小紅燈

我開始注意到小紅燈是在姊姊去世以後。

那時，每當很想念姊姊時，我就去國府路牧神父的聖堂。我能去的時間、而且能在聖堂裡待兩三個小時，就是下午做完家事後。聖堂兩邊的牆壁都沒有窗戶，在下午時刻顯得更加幽暗。因此，我推門進去，首先清楚印入眼簾的就是那盞小紅燈。

那時我不知道小紅燈代表什麼，但每次去聖堂，迎接我的總是那盞小紅燈。我開始覺得它很親切可愛，所以我一進聖堂就會向它打招呼「我來了」。在那幽暗的聖堂中，只有它放射著光芒，那光好似在告訴我，這裡有生命，在這裡一切是活的，是喜樂的。我知道這是我的感受，但我很喜歡這種感受。那盞小紅燈就成了我的好朋友，我非常喜愛它。

後來，郝神父開始給我講道理，我才明白那盞小紅燈是日夜陪伴聖體龕裡的耶穌，它也告訴大家「耶穌在這裡」；小紅燈代表耶穌的臨在。

領洗之後，我幾乎天天去聖堂，也成了習慣。一進聖堂我就對小紅燈打招呼「我來了」。它會以同樣的熱情喜樂來歡迎我。

幾個月後父親住院，特別是在病危時，那盞小紅燈真成了我的知心密友，一直陪伴我。當我看見它或是想起它時，它會給我勇氣、鼓勵和力量。它不斷地告訴我「耶穌在這裡」——在妳的心裡、在妳身旁和妳一起行走。

小紅燈讓我知道「耶穌在這裡」，那我還怕什麼呢？痛苦、憂慮、疲倦、煩惱，有耶穌在，什麼也打不倒我。「耶穌在這裡」就是我的生命、我的喜樂、我的安慰、我的力量、我的一切。

一九四七年二月初，母親、弟弟和我離開南京前，我去聖堂參加最後一台彌撒後，我和那盞小紅燈告別。但它說它不會離開我，因為我在每座聖堂裡都可以找到它——在我心裡更可以找到它；因為它是「耶穌在這裡」。

PART 2

與主偕行

10 上海生活與唐姆姆

一九四七年一月底，在一個寒冷、多雲的早晨，我們打包了我們僅有的一點財產，母親、若望與我便離開山頂上的那間小房子，從此再也沒有回去。

當門在我身後關上時，種種回憶湧上，那些沒有流下的淚水，充塞著我的心。在南京不到兩年的時間，不請自來的人生侵襲我的生命；我沒有邀請這些經歷，現在也不試圖驅趕它們；我無法解釋它們，也無法明瞭它們，我能做的就是讓它們留在我的生命中，感受這無法解釋的感覺。或許有一天，它們會成為我珍惜的寶貝。

在幾位俄國朋友的協助下，若瑟租到一間公寓，裡面有兩個房間及一個小廚房；我們四人終於團聚在一起，重新建立我們的家——沒有了父親和瑪利亞的家。

若瑟在震旦大學念書，若望就讀附近的一所高中，我與母親則待在家中。得知有一間天主堂走路就可以到，我真是欣喜無比，沒過多久，一天早晨我便自己大膽地出門去了。我循著指示來到了基督君王堂，讓我吃驚的是，從更衣所出來的獻祭神父不是別人，正是給我付洗的殷神父！

彌撒結束後，殷神父告訴我，牧神父請他安排我到震旦文理學院去念書，學校二月開課，他已經都辦妥了。從學校到聖堂，只須越過一個街區就到了！我最快樂又結實纍纍的校園生活，就這樣展開了。

當天，殷神父陪著我到文理學院去，將我介紹給教務主任唐姆姆（Mother Thornton），她是聖心會的修女。從第一眼看見她，我就喜愛她、欽佩她。她身上散發出一股自然、不容置疑的高尚氣質。她那敏銳的理智、極富同情的溫暖心腸，甚至從她機智的幽默與喜樂中，也散發出高尚的風度；這一切都如此自然地透露出她靈魂深處的喜樂泉源。我在震旦兩年的學習生涯中，漸漸認識唐姆姆，她是我人格及信仰邁向成長及成熟的關鍵期中，影響我最深的人。

唐姆姆是一位半隱修的修女，所以不能離開校園，但我從不覺得她被修女的這個身份綑綁、阻礙，或在任何方面受到限制。她透露出來的性格是如此自由，使她看似從不被任何障礙干擾，難怪上海的教會圈都稱她為「女強人」。如同天主的所有偉大忠僕們，論到事奉天主時，對她似乎沒有什麼是不可能的。

殷神父是耶穌會的會長，必須常到上海來；加上他很關心我，所以很快地他就成了我的神師。他一直為我提供這項珍貴的服務，直到他二〇〇一年初在泰國過世為止。他是我靈魂的父親，他愛我的那份慷慨與無私，要等我漸漸成熟之後才了解到。

再度成為大學生

殷神父建議我主修英國文學。班上大約二十多位學生，我很快就與他們中的許多人成為朋友。只是，除了英文以外，原來我還得讀生物、西方哲學、歷史、中國文學，甚至經濟學！

當然，許多課程都是用英文授課，但像中國文學、經濟學等，則是用中文——也就是說，是上海國語——上課。我對這語言既無天份又沒有理解力。還好，我最親最近的同學陳羅撒，他們全家都是教友，常常來拯救我，要不是她，我的中國文學一定是不及格的。

我幾乎完全聽不懂教授所說的話，我只能靠抄羅撒的筆記了解上課內容，而教授驚訝我的字寫得那樣漂亮，就讓我過關了。至於經濟學，即便羅撒用盡所有的善意及幫助，也無法拯救我免於慘敗——因為教授已經認定我沒希望了。

這門課，羅撒也比我好不了多少。日後，我入了加爾默羅會，她加入聖心會的行列。我想，在我倆注定成為修道人的體內，已經流著必須超脫世上財物的血液，要我們搞清楚供需平衡法則，那可真是難為我們了。

我猜想負責基督君王堂的耶穌會神父們，注意到我常去他們的聖堂，所以斷定天主一定是召叫我要度修道生活了，但當時我正快樂地投入大學生活，壓根就沒有這個念頭。就在此時，社會服務會的修女們來到了我們的學校。一天，她們的院長問我願不願意去幫助她們整理會院？我那天下午沒課，我便答應她們前去幫忙。

這些修女的會衣風格很不一樣，樣式很輕便、甚至可以露出小腿；她們的會院則像個家一樣地生活著。聰明的院長散發著吸引人的魅力，她的談話很有神修，令人感到愉快又有趣。這位迷人的院長常邀我參加她們的活動，有一次，她請我陪她去杭州，也就是在有名的「西湖」邊的美麗城市，她在那兒有一些傳教的工作，我則趁機享受這美麗的景點。令我吃驚的是，她竟自己開車，而她與人交涉及處裡事務的能力，對我又是一個全新的經驗：原來還有我之前不認識、也不了解的修道生活。

一段時間後，她邀請我參加由耶穌會勞達一神父（Fr. Ladany）帶領的聖神降臨節避靜，這是我第一次避靜，修女們的熱心令人印象深刻。避靜結束時，我在上海主教座堂領受堅振聖事，那真是再隆重不過了。當年老的主教祈求聖神時，整座主教座堂的寧靜與肅穆，使我充滿了敬畏之情。直到今天，我仍記得這位聖善主教顫抖的聲音。

加爾默羅會?!

不久之後，修女問我是否想加入她們的修會。

既然她們對我這麼好，我沒有多想就說「好」。那個月的月底，修女交給我一封她們的創會姆姆親筆寫下並簽名的信函——我還記得她是Federica姆姆——信中表示接受我加入她們的修會，並邀請我去她們在洛杉磯的母院。我很驚訝，而我那愚蠢的不成熟，更使我對如此特別的榮譽感到受寵若驚。

幾天後，郝神父到上海來，並順道探訪我。我帶著些許的驕傲，將Federica姆姆的信拿給他看，然後，我等著看神父的反應（除了郝神父之外，我可是一直把這件事當作寶貴的秘密而保守至今、之前從未公開呢！因為我才剛領洗不久，竟然會有修會要求我加入她們，而且還是創會的姆姆親筆寫信給我、收納我。我覺得被高舉了，而且高舉到我不敢再提這件事）。

令我失望的是，郝神父看起來有些嚴肅，而且只問了我一個問題：「妳打算怎麼做？」我興高采烈地回答：「當然是去洛杉磯！」他什麼也沒說，匆匆結束了他的探訪便離去了。

在此之後，殷神父來看了我幾次，但他從未提到、也沒問我關於社會服務修女會的事，所以我也沒把信拿給他看；因為我知道郝神父一定會把這事告訴他的。在與殷神父的一次會晤中，他隨口問我：「妳畢業後打算做什麼？」

我毫不猶豫地回答：「成為一位修女。」

「在哪個修會？」

我回答：「社會服務修女會。」

「妳在修會想做什麼？教書嗎？」

「不。」

「在醫院工作？」

「不。」

「那妳到底想要什麼？或是身為一個修女，妳喜愛做什麼？」

「和耶穌談話。」

「談什麼？」

「談祂。」

神父不再說話，然後就離開了。這次的會晤讓我覺得有些莫名其妙。

那應該是在一九四八年、中國新年前後，大學第二年的第一學期結束後，我前去見殷神父，他看了我的成績單後，便從他口袋裡取出一張地圖，然後向我解釋那是揚州的地圖，加州的耶穌會士們已在那兒建立傳教據點，也有了一座聖堂。接著他指出地圖上的一處，繼續說道，在這條街上，離聖堂不遠處，他們現在正將一座中式老宅院改建為加爾默羅修院。明年，將有幾位加爾默羅會的修女從美國來，而我將加入她們，成為她們的第一個保守生！

「驚訝」這個字無法確切地表達我當時的感受，「震驚」也不是對的字，我只是懷疑自己是不是聽錯了！見到我說不出話來，神父從容地闔起地圖，又拿出一小疊的照片，他將其中的兩張拿給我看，並說：「這是最近才剛完工的，修院二十呎高的禁地牆」，然後他又指著第二張照片說：「這是她們的聖堂，不過，妳不需要看所有的照片。」

當我好不容易回過神來，在我腦袋中盤旋的問題便一個個地蹦出來：「神父，什麼是加爾默羅會？加爾默羅會的修女是什麼樣的人？我不認識她們，我也從沒見過她們，她們做什麼？她們怎麼生活？」

「喔，她們會來，妳會看見她們的，妳不是有讀聖女小德蘭的傳記嗎？她們就是跟她同修會的。」

然後，我突然想起來，我在聖週四參觀的七座聖堂中，其中一座就是加爾默羅會的聖堂，但我在那兒沒見到半個人，只聽到神秘的歌聲從聖堂牆後的某處傳出來，那是我參觀過最詭異的地方，我當時還告訴自己「再也不要回到這個地方」。

於是，我不平地叫道：「神父，人家邀我去洛杉磯，加入社會服務修女會啊……」然後，神父用古怪的表情看著我，以不以為然又平淡的聲音慢慢地說道：「那好啊，妳就去試試看吧。叫妳的好修女送妳去啊！」我鬆了一口氣，至少他同意我去洛杉磯，沒有堅持加爾默羅會的事。

於是，我告訴社會服務修女會的院長修女，請求她幫助我到洛杉磯去。她說她會找她的朋友，盡全力幫助我。幾個星期過去了，一天，院長修女告訴我，政府不發護照給那些尚未畢業的大學生們到國外去，許多官方文件都受限於這條法律，在我大學畢業之前，是不可能到洛杉磯去了。

在那時期，殷神父也給了我一些聖書，有關於祈禱的、內修生活的、有聖人的傳記、還有一本很棒的書，名叫《攀登加爾默羅山》，在這本書裡，他很仔細地標示：「一百三十頁之後不可以讀！」我入會多年後才發現，會父聖十字若望在一百三十頁之後談的都是與神視、異語有關！

殷神父也加強他的神修指導，加強到我幾乎每個月都得向他詳細報告我的生活及祈禱。他對所有事都感興趣。一次，我在上課途中，帶著我的小提琴去望彌撒，因為我的音樂老師說他要給我上一些課。我沒有注意到殷神父就跪在聖堂後面。彌撒一結束，他就來對我說：「妳在加爾默羅會不需要小提琴，把它處理掉吧。」

說真的，要我處理掉小提琴，我是一點也不感到心疼。因為我漸漸注意到，每當我拿出我的寶貝樂器時，我的哥哥弟弟就會離開公寓。剛開始，我沒有多想，但當這情況一而再、再而三地發生，我才恍然大悟，他們無法忍受我製造的噪音！

一九四八年初，若瑟申請到美國柏克萊大學的獎學金，他在二月離開上海到了美國。若瑟出國後，母親決定到北京，因為在那裡還有一些親戚，而若望也可以接受更好的教育。至於我，我很喜愛震旦文理學院，但我不想堅持自己一定要繼續留在上海念書。我將家中的整個情況告訴了殷神父。

一天下午，殷神父來到我們的公寓找母親談話；他對母親說，他來是為了問她是否願意讓她的女兒當修女，在修院與天主親密交往，以祈禱生活度過一生。這當然符合母親的心意，因為在她內心深處，她很欽佩也很喜愛佛教比丘尼們的生活方式。神父接著說明，當她與若望到北京以後，我可以寄宿在震旦學院，直到畢業，然後他會設法幫我進入揚州的修院。母親同意他說的一切，只要他會負責照顧我，因為母親很愛牧神父，只要是牧神父的弟兄，她全都信任。

暑假結束後，我成了震旦的住校生，開始大三生活。母親知道我在震旦很安全，也就放心地和若望到北京去了。

我喜愛住校生活的一切，尤其，我可以不必時常上街，因而也多出許多時間讀書、上教堂望彌撒及祈禱。晚上的課後時間，我常到唐姆姆的辦公室，我在那兒學習了許多事。

唐姆姆很喜愛英國的神秘主義者，像是諾里奇的朱利安（Julian of Norwich）。聽她解釋這些神秘家的神修，使我明瞭這樣的熱愛，不只影響一個人的神修生活，甚至也會影響人的性格。經由唐姆姆的談話，我漸漸明白，以這樣的祈禱及內修生活來餵養我的心與理智，就是超性生命成長與成熟的道路。

而我藉著晚間的頻繁接觸更加親近唐姆姆時，我觀察到，一個有恩寵、客觀、平衡、冷靜、有判斷力，且充滿慈愛、同理與勇氣的人，是多麼地吸引人！我在唐姆姆身上看到了這一切。我何其有幸能與唐姆姆如此親近，當我回首過往，天主給了我和唐姆姆的這四個月時光（我住校只有四個月），在我日後的修道生活中，這些日子的記憶時常光照我的理智、拓展我的心。

我對天主的感恩之情，永遠是訴說不盡的。

11 前進美國的海上奇遇

然而，平安、無憂無慮的快樂日子並沒有持續太久。一些其他修會的修女及她們的團體，開始出現在我們的校園裡。這些修女是離開自己的修院的難民，隨她們而來的消息是，共軍占領北方城市的數目不斷增加，並且繼續朝南方前進。學校的姆姆們開始教我們，萬一共軍占領上海時，我們該做些什麼，該如何面對特別狀況。聖堂舉辦許多額外的活動，強化並加深我們的信仰。

就是在這段時間，我加入了Aedan McGrath神父在中國教會成立的聖母軍，我的幾位同學也加入了，羅撒後來成為主席團的團長。當我們教友學生們，不分男女開始組織起來，對抗那些滲透到校園內的共產黨學生時，那可真是令人振奮！

將近聖誕節時，正當我越來越投入這樣的運動，殷神父告訴我說，他已替我安排好去美國了！我驚惶失措地前去找他，他指示我盡快辦理護照及必要文件。當我抗議說「他應該知道，那是不可能的事」，他回答我：「當事情是天主的旨意時，祂可以做不可能的事。」然後他要我到善牧會去找Charitina修女，她會幫忙辦妥其餘的事。

那天下午，我回到學校，唐姆姆叫我到她的辦公室，為我換上一襲黑色旗袍，然後親手在我頭上別上頭巾及黑紗。當她將我妝扮完後，她的助理帶我去附近的像館拍攝申請護照的相片。不到兩天，我就帶著照片到善牧會的修院去找Charitina修女，她穿著外出的黑色會衣，身邊還跟著兩個小孤兒，然後我們四人爬進她的車裡。當我們啟程時，她以完美的上海話吩咐坐在後座的兩個小孤兒祈禱；於是，帶著孩子們的祈禱，我們開始一一造訪政府各部門。

修女的辦事效率令我大感驚奇，無論我們到何處，或面對什麼人，她從未失去冷靜。她要問的問題，或是答覆他人，她也從未有過片刻的猶豫，她如此自信、具有說服力，我的文件就這樣一個接一個地批准了。我唯一做的一件事——便是閉上我的嘴，乖乖地跟著她走。三天後，我的護照、簽證、甚至是體檢證明，全都一應俱全。當我向修女道謝時，她只說：「謝謝我的小孤兒們的祈禱吧。」

我預定十二月三十一日出發，搭上最後一艘離開上海、前往美國的船。三十日晚間，殷神父叫我到基督君王堂，當我抵達時，他已在談話室等我了。我一見到他，突然意識到自己即將獨自離開中國，到遙遠的異國去，內心的焦慮、悲傷、寂寞、無助攫住了我，我的淚水瞬時有如潰堤。神父什麼也沒說，只是站在那裡，等我冷靜下來。然後，他指示我，甘神父（Fr. Klement S.J.）會在舊金山的碼頭等我，載我到聖名學院住校就讀，直到加爾默羅聖克拉拉修院的院長決定我何時入會為止。

我如此茫然又不知所措，淚水又不爭氣地流了下來。神父繼續說：「跪下，我給妳我的降福。」當我跪下時，用手掩住了我的臉，我感覺到神父將手放在我的頭上，然後說：「抬起頭來，微笑。」

當天晚上，我去辦公室找唐姆姆，當她一看見我就完全明白了。她坐在巨大書桌旁的大椅子上，叫我坐在她身邊的地板上，這樣我就可以將頭枕在她的膝上，過了好久好久，我們什麼話也沒說，但在我們的心中，我們進行了一次親密的長談，我們完全彼此了解。過了午夜，姆姆陪我走回宿舍，她在我的額頭上劃了個十字聖號，向我道聲晚安後就離開了。

翌日早晨，我到修院的聖堂望彌撒。看到唐姆姆站在通往校園大門的大廳時，我真是既快樂又鬆了一口氣。姆姆牽起我的手，我倆安靜地朝大門走去。當我們抵達門口時，姆姆只說了一句：「Margaret，現在要勇敢，上車去吧。」我們再度彼此相視，然後，我朝車子走去，是若瑟的俄國朋友Yuri載我到碼頭。

當車子開下路時，我看見姆姆手扶著校門——由於禁地的緣故，她無法走出大門——盡可能的朝門外傾身，為能看見我們逐漸遠去的車子。然後，車子轉彎、震旦學院消失在視線中。我永遠忘不了唐姆姆的最後一面，這一幕銘刻在我的腦海與心上。

海上之旅

到了碼頭，我很驚訝地看見若望竟朝我走來。他說，殷神父信守對母親的承諾，答應會好好照顧我，所以他通知母親我即將前往美國，母親派若望來送我。

我很高興看到若望，但我的心卻是在受苦，不知該說什麼。儘管若望只有十八歲，卻比我更堅強、更勇敢。當Yuri提著我的行李等我上船時，若望握住我的手，對我說：「不必擔心，我會照顧媽媽。」然後我們走上船，依照殷神父給我的船票，有人領我到我的船位去；那時，不單是我，連Yuri和若望都嚇了一大跳。那個巨大的大廳——其實就是船頭——已擠滿了人，大多是俄國難民。那裡有許多老人，以及隨處可見的孩童及嬰兒們，被他們焦急又緊綳的父母或抱或牽的帶著。

整個大廳被勉強拼湊出來的牆圍繞著，牆上沒有任何窗戶。艙頂四處有開口，透過它們可以望見天空，當然，冷風也會從那些洞口吹進來。每個乘客分發到一個狹窄的床，而床下的空間僅僅夠我們放行李。感謝天主，我只有一個行李箱，而它正好可以放進那小小的空間。

我們在夜間航行，第一個停靠站是香港，我們花了一天一夜才到那兒。過了香港之後，我們不再沿岸航行，而是進入開闊的海洋，而那也是我麻煩的開端——嚴重的暈船。但我不是唯一受折磨的，在我們的大廳裡，呻吟及抱怨聲此起彼落，又不時被咳嗽及嘔吐聲打斷，同時伴隨著嬰兒的尖叫與哭鬧聲，還有孩子們喊叫及嚎啕大哭的聲音。許多孩子展現出優秀航海家的姿態，他們精力充沛地在床鋪間穿梭奔跑，而這些床上還躺著那些飽受折磨的乘客們。

我在床上躺了整整兩天，不敢睜開眼，也不敢抬起頭，甚至不敢隨意翻身。到了第三天，我再也無法忍受這不停歇的喧鬧、無止盡的痛苦折磨，以及那汙濁的空氣，我心想，要是我不離開這地方，到甲板上去呼吸點一點新鮮空氣，我一定會死掉。於是，我花了整個上午的時間為自己穿上襪子及鞋子，然後使盡全部的力量與決心，爬上那當成臨時樓梯的梯子。

終於，我暈頭轉向、噁心想吐、四肢著地爬上了甲板。我用最後的一點力氣站了起來，整個人病懨懨的；少了我的頭巾與黑紗，我看起來必定是一副可憐樣。我環顧甲板，看見許多舒適的躺椅，但上面全都有人。我只好站在那兒，無助地倚在欄杆旁。

幾分鐘後，我感覺有人輕輕地拍我的手臂，當我回頭張望時，一個溫暖、友善的聲音在向我打招呼——是Ishikawa先生，一位日本男士，他於難忘的一九四六年八月十五日，與我在南京，一同接受殷神父的洗禮。可以肯定的是，無論是他或我，我們都不會想到我們會在這艘船上碰面！

見我這悲慘的狀況，他立刻協助我坐在他甲板的躺椅上，從他的座艙中取來了坐墊及毛毯，將我舒適地安頓在躺椅上後，他便坐在長椅的尾端，開始聊起離開南京後所經歷的一切。

從那天早晨起，他每天都會在甲板上等我出現，然後護送我到他的躺椅處。當我知道他每天都會等我時，不管我多麼不舒服，我總是有一股動力去攀登那階梯；對我來說，那好像是為求生而戰。而我必須驕傲地承認，我從未輸掉這場戰鬥，一天也沒有。

一旦我坐上躺椅，Ishikawa先生就會為我送來餅乾及柳橙汁，那是我當時比較容易消化的東西。當我的體能日漸恢復時，他就將餐廳裡供應的各種美味三明治送來給我享用。我寫下這些，是因為Ishikawa先生是天主在我迫切需要時，為我送來的天使，直到今天，我仍時常在我的祈禱中紀念他。

在我鄰座躺椅上的是一個加拿大年輕人，他是摩斯電碼專家。事實上，他的職業就是用這電碼在輪船上發電報。當他日復一日地看見我坐在躺椅上，終日無所事事，只有Ishikawa先生來時才說說話，他一定認為我很無聊。出於好心，一天，他極其禮貌地詢問我，是否願意讓他教我一項最有趣又有用的藝術：摩斯電碼。當然，我怎能無禮地拒絕如此有愛德的提議呢！於是我滿懷感激地接受了他的服務。

自那天起，只要他看到我閒著沒事做，就會開始教我這美妙的藝術。那些從我們身旁經過的人，必定覺得莫名其妙：這兩個正常人坐在那裡，以專注嚴肅的神情盯著前方，口中卻念念有詞地彼此說著：「dot, dot, da-, da-, da- dot, da-, dot…」，好像在玩遊戲般——真的是好玩！幾天後，我們不但能彼此對話，還可以用這個方法表達一些簡單的看法呢。

這艘船上有幾位瑪利諾會的修女，她們原本在中國南方傳教，現在要回到美國去。幾天後，她們注意到我，親切地問我是否單獨旅行。我毫無隱瞞地回答她們說，我要到聖克拉拉的加爾默羅會，還有，我的確是單獨旅行。我注意到她們露出驚愕、甚至是懷疑的表情，但既然我不認識這些修女，對瑪利諾會也不熟悉，我就沒把她們的反應當一回事了。然而，這些修女便常常單獨或結伴來躺椅處看望我，並希望和我有更長時間的談話；有時，她們甚至邀請我到她們的座艙長談。她們借了我一些聖書，像是聖人的傳記，及一些信仰書籍。

但我讀得很慢，每當我試著看書時，暈船的感覺就又開始一陣陣襲來。然而，我在摩斯電碼上卻是進步神速，我的加拿大朋友真是再滿意不過了。

與瑪利諾會修女的相遇，還有一個出乎意料的結局。多年後，當我們在新竹建院後，瑪利諾會的修女成了我們忠實的好朋友。每逢我們會母大德蘭的節日，她們就會來與我們團聚，最後以聖體降福結束我們的一天。在一次的團聚中，一位親愛的瑪利諾會小修女走近我，非常隨意地問我說：「妳也許認識一位名叫Margaret李的女孩？她在一九四九年時，坐船穿越太平洋，想到美國的加爾默羅會，我們的一些老修女在船上遇見了她，她們總是在想，不知這個女孩子最後有沒有成功。」我回答她：「是的，修女，我和這位Margaret李非常熟，而且我知道她成功了。」

既然談到這個主題了，我就乾脆說說另一件插曲：那是郝神父有一次到我們的新竹芎林會院來看我時，對我說的。

郝神父說：「當妳是震旦學院的住校生時，我去看妳，妳告訴我，妳想成為社會服務修女會的修女。我非常意外，因為我認識這群在洛杉磯的修女們，我知道妳的聖召不在那兒。後來我將這件事告訴殷神父，令我驚訝的是，他一點也不擔心，只是笑著對我說：『別擔心，郝神父，她不會去那裡的，天主要她入加爾默羅會。』結果，他說對了。」

*

很幸運的，我們的船中途停泊夏威夷，我們有一整天的時間可以到岸上走走。能夠站在堅固的土地上，看看房屋與街道，而不再是無止無盡的海洋，那可真是一件美好的事。我找到一家食品雜貨店，買了一些開胃的醃黃瓜、新鮮麵包及餅乾，然後我看見那兒有一台體重機，我就跳了上去——結果，我從上船至今，足足掉了二十磅的體重。我很享受在夏威夷的停留，儘管我只是在街上閒晃，但當我晚上再度上船時，整個人神清氣爽。那天，Ishikawa先生等著我向我道別，但他在下船之前，已替我付了躺椅的錢，所以我可以繼續待在甲板上。

五天後，在一九四九年的一月二十四日約正午時分，我們抵達舊金山。甘神父與另一位耶穌會神父，以及我的哥哥若瑟，都已在那裡等我，他們載我到奧克蘭的聖名學院，我在美國整整五年的生活就這樣展開了。

12 就讀聖名學院

在美國的大學生活與我在上海經驗的，完全不同。儘管兩所學校都是由修女管理，但兩所校園的氣氛截然不同。除了是「中國女孩」與「美國女孩」的差異之外，「美國的社會文化」與「中國的社會文化」更是完全不一樣。因此，從我第一天上課起，我就有一大堆的事情要適應，甚至有更多事情要去學習、了解及欣賞。

剛開始我有很深的失落感，因為我很想念我熟悉、習慣與鍾愛的震旦學院，尤其想念唐姆姆及她們美麗的聖堂，我在那兒領受了如此多的恩寵，朝拜了那麼多次的聖體。我也想念基督君王堂，想念那裡的彌撒，以及與殷神父的神修談話。這種種的回憶充塞著我的心思，使我無法立即明白聖名學院的和善，更別說它提供給我的靈性價值了。

那時，我無法了解，為什麼到餐廳用晚餐需要遵守那麼多禮節。每次吃晚餐都要穿上正式的服裝，每一個餐桌坐六個學生；餐具擺放得很漂亮的每個餐桌首位，都有一位修女主持。而且，餐點都是依次序上桌的。

剛開始時，我覺得這些用餐禮儀徒然浪費時間，但幾個禮拜後我才了解到這整個儀式，或就座用餐的正式形式，其實是養成端莊與自制的美好訓練，此外，它也是進入西方文化的一種方式。我也花了一段時間才適應美國的食物，但很快的，我就開始喜歡這簡單又健康的飲食了。

另一個愉快的經驗是，有好幾個周末，和加爾默羅修院關係很緊密的Mary Louise Brier邀請我到她家作客。因為她是獨居，所以我倆很快就變成非常親密的朋友。我從她那兒更深入地學習到美國人的生活方式、思想形態和民族特性，以及他們如何實踐信仰。我對美國人的善良與慷慨，以及他們真誠的信仰，印象深刻。

我也很喜愛美國人建立友誼的方法——他們不會把時間浪費在曖昧的柔情蜜意上。他們在認識之初，基於信任就會實話實說，不會因為面子問題而誤導了你對他的了解，雖然有時候感覺起來是很不客氣，但這種不包裝的友誼，在有真正了解的基礎上，更容易維持長久。在我往後的整個生命中，我與好幾個美國人建立了這樣的友誼，他們的真誠與忠實，在許多方面都深深地影響了我。

一個主日下午，Mary Louise帶我到道明會的修院聽修士們唱晚禱。大約超過三十位穿著白色會衣的年輕會士，跟隨著一位舉著十字架的修士，緩慢列隊進入聖堂；他們的出現，在我心中升起一股神聖感。這是我第一次聽到葛利果聖歌，我立刻就愛上了它。我的靈魂被歌聲帶離了所處的環境，進入一個如此無限、寧靜、純潔、與自由的氛圍中，使我忘卻了一切。當Mary Louise輕拍我的手臂，示意我晚禱結束、該離開時，我真是驚訝極了。

大學的課業，大部分是新奇而有趣的。我們的時間並不是都耗費在課堂上，很多時候是在圖書館閱讀參考書、寫報告。我的同學看我不會打字，常主動拯救我；其中Judy Johnson對我特別好，學期結束時，天主以信德的恩賜賞報了她，我還成了她領洗的代母。這是我在聖名學院難忘的回憶之一。

加爾默羅初體驗

近三月底時，加爾默羅會的Agnes院長姆姆寫信邀請我到修院度周末。

我一到美國時，殷神父就已經請耶穌會的神父載我到加爾默羅會拜見Agnes院長姆姆了，但那次的探訪如蜻蜓點水般，只是讓我一瞥未來的家。這一次，我是要在修院待上兩天一夜！我真是既興奮又充滿期待。

週六早晨，Mary Louise陪我到聖克拉拉修院。我們先搭乘灰狗巴士，再步行到修院。穿過雄偉的大門，踏上長路來到聖堂的門前，我有如逐漸遠離塵世，來到了未知的應許之地。

修院莊嚴的聖堂，與我之前見過的教堂或聖堂很不一樣。教堂內的神聖感是無庸置疑，然而，那吸引我的並非它的隱密，而是聖堂散發出的那股超凡拔塵的感覺淹沒了我，使我完全離不開。最後，Mary Louise不得不挽起我的手臂，帶我離開聖堂，前去會見Sr. Gertrude，她負責照顧修院外界。

上了年紀的Sr. Gertrude，看似難以親近。當她緩緩地走在我前頭、引領我到房間去時，先前升起的興奮之情全都冷卻了下來。我提醒自己，我的舉止要符合Sr. Gertrude指示的莊嚴氣氛，我全然靜默地跟在她身後，幾乎是要踮著腳尖走路了。當我們抵達門口時，她將門推開，一句話也沒說就離開了。

我告訴自己，「要習慣這樣的靜默，畢竟這是加爾默羅修院」。日後，我才知道，這樣的印象錯得有多離譜！

晚餐時間到了，Sr. Gertrude將托盤端到我面前，連看都沒有看我就說：「妳把它們全部吃完，然後把托盤帶下來。」在我面前的是一個大盤子，上面有一整份的魚、馬鈴薯、蔬菜、沙拉、麵包及奶油、葡萄柚，最後還加上一大塊的蛋奶派！當我正努力地吃下盤中的一切時，我的胃告訴我，它再也裝不下那塊顯眼的蛋奶派了。

我想了個對策。

我將葡萄柚的果肉挖出、狼吞虎嚥吃下，然後，把派塞進挖空的葡萄柚裡，再小心翼翼地將它蓋在皺巴巴的餐巾紙下，就帶著托盤下樓去了。Sr. Gertrude 坐在狹小的辦公室裡，經過她身邊時，我很乖巧地問：「修女，請問垃圾筒在哪裡？我可以自己清洗碟子嗎？」她從椅子上轉過頭來，給了我最溫暖的微笑說：「當然可以。」這四個字真是救了我，讓我大大地鬆了一口氣。

然而，另外一個美麗的驚喜正等待著我：從那天起，每當我回修院度周末時，Sr. Gertrude 總在門口等我，每當她一看見我，就立刻張開雙臂給我一個今生最溫暖的擁抱。我感覺到自己是多麼真實地被愛著，只要有 Sr. Gertrude 在的地方，我就像是修院最親愛的孩子之一，是完完全全地被歡迎、被接納。Sr. Gertrude 已經七十多歲了，她的微笑就像個孩子，天真又直率。那是由充滿愛的心中散發出來的，蘊含著深深的理解。我徹底沉醉在她的微笑裡。

在她老舊的打字機前的牆上，貼著一張紙，上面寫著“O Beata Solitudo”（喔，有福的獨居），在我往後的歲月中，我常思量這些字蘊含的意義。對我來說，這句話訴說著Sr. Gertrude漫長的一生。身為聖克拉拉修院唯一的外界修女，她與天主一同過著隱沒的生活，在她看似難以親近的神情、幾近冷酷、不友善的態度下，卻隱藏著一顆極其溫暖、善於愛的心——儘管她盡力隱藏——而且結出豐碩的生命果實。

天主揀選她過一個與世隔絕、孤獨的生活，是否因為祂看見她內在罕見的氣概，足以讓天主轉化她，讓她成為支柱，支持修院眾多的朋友呢？

Sr. Gertrude過世後，許多朋友告訴我們他們的故事，這些故事訴說Sr. Gertrude對他們的意義，以及她為他們付出的愛心。事隔五十多年，我始終無法忘記Oliviera教授的故事。

當我還是初學生時，他常到我們的修院。他有一副美妙的嗓音，所以常在聖體降福中獻唱。我們到台灣後，聖克拉拉修院的修女將Sr. Gertrude與教授間動人的故事寄給我們，我在此敘述他們兩人的情誼。

Oliviera教授在聖克拉拉大學教語言。他婚後沒幾年，妻子便過世了，留下一個嗷嗷待哺的女兒。他為了女兒全心奉獻自己，但女兒後來也過世了，當時他才五十多歲。

他常到修院拜訪Sr. Gertrude。一天，他向Sr. Gertrude透露自己渴望成為神父；他告訴她，他所有的朋友——其中包括大學裡的多位耶穌會神父——都不鼓勵他這麼做，他們說他這把年紀是不可能完成所有神學課程及訓練的。

Sr. Gertrude只是聽他講，什麼話也沒說。又過了幾個月，當他再度對Sr. Gertrude重述自己的渴望時，Sr. Gertrude簡單地答道：「放手一搏吧！不要懷疑天主，讓祂成為你的扶助。」於是，他前往羅馬，幾年後晉鐸成為神父。如他所願，主教以傳教士的身份，派遣他到墨西哥服務當地人民。他熱愛他的墨西哥人，好像他們是他自己的親生孩子一樣。而這裡的人民也以愛和感恩還報他，他們是如此愛他，當他八十九歲過世時，他們拒絕與他分離，他們在教區的山丘上建了一個小聖堂，讓他在那兒安息。將近三十年的時間，他是他們的神父、他們的牧人、他們的父親及朋友，即便在他過世之後，他們仍然希望他繼續留在他們中間。

與這個故事有關的，還有一段感人的插曲。大家都知道我們的Sr. Gertrude畢生為她自己一個最特殊的意向熱心祈禱，她求天主在她死前賜給她三天的恩惠：第一天使她知道自己即將離世，第二天，讓她準備死亡，第三天則讓她迎接死亡。那時，Oliviera神父恰巧離開墨西哥幾天，到聖克拉拉修院拜訪他忠實的朋友——Sr. Gertrude。當他抵達時，修女感覺到天主召叫她進入永恆，她也如此告訴了神父。神父刻不容緩地與修女分享他在墨西哥的工作、他一切的需求、他的喜樂、他的憂慮，但最重要的，是他滿溢的感激之情，感激天主使他成為神父，當然，他也向修女求祈禱。

那一天，他們共度了好幾個小時的美麗時光。翌日，修女覺得非常不舒服，Oliviera神父聽了她的告解，為她臨終傅油，讓她領了臨終聖體，也將他能給予的所有教會降福都給了她。他盡可能地待在她身邊。第三天，修女在完滿的平安中離世，Oliviera神父就隨侍在側，他立刻為她的靈魂獻了彌撒。在他回墨西哥前，他參加了她的葬禮。

這真是一個圓滿的故事，是我們加爾默羅修會的外界修女Sr. Gertrude的工作與生命故事。

踏入禁地的門檻

我就這樣在加爾默羅會度過了好幾個周末。六月初，Agnes院長姆姆寫信通知我，會議修女已經接受我，我將於六月九日，也就是聖神降臨節後的星期四入會。坦白說，我並沒有感覺到太大的熱誠，在修院度過的幾個周末使我越來越體會到，加爾默羅禁地的默觀生活是何等赤裸、空無。當我寫信給仍在中國的殷神父，告訴他我對加爾默羅會的這些印象時，他隨即回信警告我，不要期望「在加爾默羅會裡，找到本性的滿足」。

我必須承認當時的我並不明白他這些話的涵義。加爾默羅隱修女的聖召是參與耶穌的救贖工程，為世人的得救奉獻祈禱和補贖，所以隱修院裡的生活會要求犧牲自己，這就違反滿足本性的需求。但我夠年輕、也夠大膽，所以我告訴自己：「好吧，反正妳已經走到這一步了，現在不要想太多，只要等待，看看之後會怎樣。」

我告訴Mary Louise我將在六月九日入會。看到她那副欣喜若狂的樣子，真令我感到吃驚。從那時起，只要一有時間，我倆就上街去購買我入會所需的東西，Mary Louise也順便選購她要送我的禮物。在她給我的禮物中，我最珍惜、也在身邊珍藏多年的就是我們會父聖十字若望的著作全集。在我入會前夕的下午，她帶我到理髮院去洗頭、捲髮，等我們到家後，她又開始燙我的旗袍，擦亮我的鞋，打包隔天所需的一切東西。她親自下廚燒了一桌完美的慶節大餐，然後邀請我的哥哥來與我們共進晚餐。對她來說，入會更勝於節日，那是值得慶祝的一件事！

但對我可憐的若瑟可不是如此。晚餐後，Mary Louise很體貼地留我們倆單獨談話，也就是在那時，若瑟告訴我，他完全不贊成我入加爾默羅會。我試著說服他，但由於我自己也正忍受著離別之苦，況且，我對未來也不確定，我的話必定無法使他放心，也散發不出可安慰他的喜樂火花。最後，我那幾近破碎的心只能看著他含淚離開。我們全家就只有我倆在美國，我們既沒有親戚，也沒有經濟的支援，他還在大學唸書，而我就要離開他，留下他一人獨自奮鬥。

那一晚是如此難熬，我不記得自己是否有睡著，也不記得隔天是怎樣開始的。我記不起我們是怎麼到修院的，也不知中間發生過什麼事……，直到我站在神秘的禁地門前。我不記得當時是誰陪著我，但可以確定Mary Louise及Sr. Gertrude一定在場，我一定表達了對她們的感謝，也一定向她們道別了，但從哥哥含淚離開後，直到禁地門在我面前敞開，中間這一整段的經過為我是完全空白的。

當禁地門開啟，我跪下，親吻了Agnes院長姆姆放在我面前的十字苦像，然後我站起身來，跨入了門檻，門隨即在我身後關上。修女們的大紗掀了起來，我感覺到幾位修女的擁抱。Agnes院長姆姆牽起我的手，我們便朝著通往中庭的大門走去。

門外的陽光正照耀在樹梢及草坪的玫瑰花叢上，我眼中的一切都充滿了光明與生命力，一個聲音似乎在我心中低語：「我將留在這裡。」生命的氣息似乎隨著這句話再度返回了我內，我的心安定了下來，我又重新找回了自己。

在我到散心室去會見團體前，Agnes院長姆姆領我到了會議室，「小揚州」正躺在祭台前的一個玻璃罩子裡——它是一個中國式的小耶穌，以中國的揚州為名——那是我們修院原先預計前往的城市。我將小揚州抱在懷裡，擁入我的心頭。我覺得自己和小揚州一樣，也是一個被放逐的人，等待著能再度看見、並居住在自己家園的那一天。

13 我的初學生活一

二〇一〇年七月七日，我們開始加爾默羅聖母的九日敬禮，距離我著手寫我的故事至今已過了一年多了。既然我是因服從而寫，我有信心天主會幫助我寫出祂所喜悅的事，因為那是我唯一的渴望。若說我在這事上有任何困難，那就是我沒有連續的時間供我寫作，但這或許就是我與天主合作的最佳方式——完全依靠祂的邀請及祂的照顧。

現在，我開始回想初學時期，立刻，我感受到一股深深的喜樂與感恩自我心中湧出。當我開始我的保守期時，我必定連作夢都想不到六十年後，我會坐在大洋另一端的修院裡，寫這些遙遠的回憶。

真的，我有十足的理由去「讚頌天主的慈悲直到永遠」，唯有耶穌能忍耐我的可憐、容忍我的軟弱，並原諒我一再的不忠。每一次都是祂扶起我，使我站穩腳步，引我追隨祂，但即便如此，我依然不斷地犯錯跌倒，但祂從不厭倦於引領我走上成全之路。

當我瞬間瞥見祂的光明在加爾默羅山上照耀時，我情不自禁地呼喊出我微弱的讚美與感恩，因為天主如此眷顧了一個可憐的受造物。一如我們當代的聖人聖女小德蘭說的：「天主真的愛到瘋狂的地步。」

我明白了「加爾默羅生活」的光明樣貌，這個樣貌深深吸引著我往前進。這個光明雖然難以企及，但在前進的路途上，不論我失足跌倒、心情反覆，我知道天主會推著我前進，祂會一路陪伴著我接受考驗、穿過試煉。

從老大到老七

一九四九年，天主聖三節的主日，我以保守生的身份進入初學院。我是初學院中的老七。五個初學生和兩個保守生，加上我們的初學導師及導師的助手，我們初學院的小團體就這樣形成了。

打從第一天起，我就覺得自己好像回到了家，我愛上了那接納我的氣氛。我們的初學導師（Mother Mistress）是 Sr. Gabriel，她也是我這生唯一認定的 Mother Mistress。她那年六十一歲，但她看起來比實際年齡要老，因為她的身體很虛弱。然而，我在美國修院的那五年中，從未見過她缺席任何一次團體活動。當輪到我服務修女們用餐時，我留意到她吃得非常少，但她的表情總是充滿愉悅，散心時的談話總是令人愉快，所以沒有人注意到她在某一方面正承受著痛苦。

從我第一次與她談過話之後，我就深深地被她吸引。在那次的談話中，我們談的都是很實際的事情，像是天氣、工作、初學院的日常生活等等……，所以，吸引我的並不是她的神修，也不是她的德行，我相信是她自然散發出的溫暖、她那平庸面孔上的表情——充滿了善良與仁慈，但最重要的，是她那不造作的美麗人性吸引了我。在我前三年半的珍貴初學中，她一直是我們的初學導師，我逐漸在她被聖化的真實人性中發現一個金礦，然而，那在團體許多人的眼中卻是隱藏的。

我們初學導師的助手是Mother Maria Fidelis，她同時也是副院長。若說我的初學導師Sr. Gabriel是無能的典型——她非常心不在焉，五音不全的歌喉，也沒有做家事的本領；那麼，我們導師的助手Mother Maria Fidelis，可說是能幹的典型：她有一副唱歌劇的歌喉，會雕刻、畫畫、裝飾，可以修理任何東西：書、破杯子、小型電器或木頭傢俱——沒有任何事能打敗她的決心。但在這一切美好才能之上的，是她那顆最慷慨的心、機智，和令人愉快的個性。

我們初學院的老大是Sr. Mercedes，一個無憂無慮、慷慨、充滿愛德的人；她的本領是，無論何時，只要我們有緊急需要，她就會適時地出現。舉例來說，在晚禱的鐘敲響之前，我必須完成祭台上的花朵裝飾；當地板上還散落一地沒有用上的花朵及枝葉、而團體正排著隊要進入經堂，就在這千鈞一髮之際，我們的老大拿著掃帚及畚箕出現了！只見一眨眼的工夫，地板已經清理得乾乾淨淨，連一粒灰塵也不留！

我們的老二是Sr. Maria Amata，一個美麗又溫和的人。她那雙安靜的眼睛透出的敏感與理解，讓她擁有獨一無二的靈性氣質；而她那溫柔的笑容，則是充滿愛意的表情。我深深地喜愛她，因此，當她在發終身願前夕離開修院時，我非常悲傷。多年後，我聽說她在巴黎，成了一位有名的藝術家，雕刻各種聖人的態像。

我們的老三是Sr. Eulalia，波士頓人，一如她那快樂的面容，她的心是最溫暖的。她是一個很平衡的人，隨時預備好去遷就你、成為你的朋友。一九五〇年聖年的最後一天，她是被揀選到柏克萊會院的九位姊妹之一（柏克萊會院是聖克拉拉母院的第三座子院。至今，聖克拉拉母院枝繁葉茂，台灣就有三座她的子院），但幾年後她離開了修會。

我們的老四是Sr. Natalie，擁有完美的五官、長得非常美麗，肌膚就像牛奶一樣潔白細緻；她的體格纖細，但動作卻很迅速。她在各方面都與我非常不同，她有敏捷的理解力，無論在說話或下決定方面都非常迅速，我則幾乎完全相反。有幾周的時間，我倆是初學院唯一的兩位唱經初學生，我們發生了幾次衝突，但經由這些衝突，我才開始進入禁地團體生活微妙的「修德行」課程，為此，她確實是我的大恩人。

我們的老五是Sr. Margaret Mary，她是我的“little Mother”。我入會時她約有五十歲了，但她就像我們二十來歲的修女一樣年輕有活力，也急切地想學習加爾默羅會的一切。以她優良教師的背景，慈愛、完美地照顧了我，直到她生命的最後幾天，她以九十歲的高齡逝世於台灣這塊土地。她稱呼我為「保拉小羊」，就像對待她孩子一樣地珍惜我。對我而言，她是忠信與虔誠的模範。

我們的老六是Sr. Lucia，她的聖召是成為輔理修女。當我入會時，她還是位保守生，她只比我早兩周領會衣，所以我們總是將對方視為自己的「雙胞胎」。她有德國人的血統，是一位沉默寡言、工作勤奮，有最準確觀察力的人。慢慢的，我們變得很親近，並不是因為我們談話很多，而是我們似乎彼此了解。儘管我只在聖克拉拉待五年，Sr. Lucia那謙卑聖善的加爾默羅修女的身影，永遠活在我的記憶裡。

多年後，當她因癌症即將病逝之際，她寄了一張聖像給我，聖像背後寫了幾句話，告訴我，她經由聖母與耶穌達到非常深的結合。她給我這位初學同伴的友誼是多麼真摯，我始終把這聖像當作我珍貴的寶貝，收藏在我身邊。

我們這一群同伴們，有Sr. Gabriel始終溫和、仁慈的庇蔭，還有Mother Maria Fidelis無時無刻在我們身旁為我們解決問題，將我們從各種災難中拯救出來，因此，除了我稍後將提到的幾段插曲之外，我的初學歲月實在是我生命中的快樂時光。儘管那段歲月只持續了四年半，但直至今日，我對聖克拉拉修院仍懷有深深的依戀之情。每當我想起那美麗的修院，以及那些曾與我朝夕相處的姊妹們時，我的心中就洋溢著難以言喻的溫暖與感恩。

在初學院裡，「神聖日課」是我最深刻的第一個回憶。我開始到經堂唱經的那天，正好是基督聖體聖血節。我很喜愛唱經，以及相關的一切禮儀。我們唱的是平調，只有一個音，那更凸顯了不變的寧靜與永恆感；身邊的一切似乎都隱沒、消逝在這充滿天主的氛圍中。這是我與隱院生活的第一次接觸，我很喜愛它。但其中最美好的，莫過於我感覺到自己在此修院中生根、安定了下來。當然，我不知道未來會有什麼事在等待著我，但無論發生什麼事，這就是我的人生，而這裡是天主為我選擇的地方。

上右　這張照片是父親三十多歲、在東北拍照的。父親的個性完全顯現在這張照片上，也是我心目中一直存留的父親：有志氣、有個性、充滿自信。三十七歲以後的父親就完全隱匿了這些特質，成為鬱鬱寡歡、戒慎戒懼的人。

上左　這是媽媽四十歲時、在東京拍照的照片；也是我唯一帶著的媽媽的照片，陪伴我七十幾年。媽媽不喜歡拍照，但這張照片呈現了媽媽的氣質：文靜明智，有一股穩定的力量，和父親完全不同。

中右　這張照片是我和哥哥嫂嫂在船上拍照的。他們一路從聖克拉拉隱修院送行到舊金山港口；哥哥是希望我繼續留在美國的。後來哥哥來臺灣探望我兩次，嫂嫂則在哥哥過世之後仍常來台灣探望我。

中左　這是姐姐十九歲時拍照的。姊姊很漂亮也很會打扮，我非常喜歡這張照片裡的姊姊。姐姐聰明又美麗，是個文明人，很得爸爸的歡心。我和姊姊正好相反，喜歡爬樹、運動和戶外活動，是個野蠻小孩。

下　這張照片裡的弟弟六十多歲，在北京和孫女一起拍照；是嫂嫂探親後帶給我，弟弟從來沒有寫過信給我。弟弟在媽媽過世後的一年多離世。弟弟很孝順，一生照顧著媽媽，讓媽媽很幸福。

上右　這是牧育才神父。不過，我心目中的牧神父，比這張照片要英俊得多。牧神父是我們家第一位認識的神父，給我們每一個人留下難忘的印象。因為牧神父，媽媽對「神父」尊敬又好感，是好人的代名詞——特別是耶穌會的神父。

上左　這是殷保祿神父。是我的領洗神父、我的神師、我的屬靈父親。在父親過世之後，殷神父幾乎是拿定主意要替父親照顧我一輩子。在天主面前，有關我的事，殷神父說了算。

下　這是我十八歲時，在上海震旦文理學院校園和同學（秀英）的合照。我沒想到會有這張照片，這真是我嗎？我曾有過這樣的模樣嗎？

上右　這是聖克拉拉隱修院的外界聖堂，於1917年落成。這個出名的西班牙式聖堂，據聞是全美數一數二藝術等級的聖堂，莊嚴又美麗。不過，這是外界聖堂，我幾乎不曾在這個聖堂出現過。

上左　這是我永遠的初學導師Sr. Gabriel，九十三歲時的照片，隔年她就過世了。誰看到這張照片不會愛上她呢？她多麼可愛慈祥，充滿忘我的愛；她是完全把自己給出去的人。她過世的那一年春天，託人帶了一封給我，告訴我她要到天主那裡去了；她用這封信和我說再見。

中　這是聖克拉拉隱修院的中庭，二樓是我們的斗室，樓下是散心室和餐廳。

下　這是中庭旁的走廊。廊上的這尊聖女小德蘭像，常常陪著我們遊行、默想。是我充滿回憶的地方。

右上　1954年5月2日，我們一行八人，從舊金山碼頭搭挪威的貨船「日多達號」到台灣，在船上整整二十個晝夜。每天清晨，隨船司鐸舉行彌撒聖祭，接著默禱，也有手工操作，這二十天我們依然過著隱修的生活。

右下　這是我們八人剛上船時的合照，也是我們和親友揮別的一刻；隨著駛離的「日多達號」，我從此踏上另一個故鄉。

左　從聖克拉拉母院來台灣的八人中，我們四位是國籍修女，除了我是發了終身願的，其他兩位是初學生，一位是保守生。

下　這是在香港碼頭拍攝的。右五是殷保祿神父，左一是郝繼隆神父；他們在香港和我們會面。香港的隱修院修女們看到我們仍穿著毛料會衣，大吃一驚，馬上給我們全新的會衣要我們換上。到了台灣，還好有這套合乎氣候的會衣！

上　這是我們到台灣的第一個家——西門街隱修院；這棟房子是我們委託耶穌會神父購買並改造成會院的。在美國，我們住的是宏偉且穩固的隱修院，初見這個新家，我們有些驚慌呢。不過，一想到天主從一萬五千多位的加爾默羅會士裡，揀選了我們來到台灣，在內心燃燒起來的熱火、傳教聖召的恩寵，很快地就充滿我們的心。一切驚慌和不便，很快地就根本算不了什麼了。

中　1954年6月5日下午兩點，牧育才神父帶我們到台北公共汽車總站搭車前往新竹。四點多，在新竹終點站，代表新竹教區前來迎接我們的幾個修會的修女們和教友們已經等在車站了。他們幫忙提行李、一路陪著我們在大馬路的正中央走向西門街的隱院。我還記得他們說過的話：「整個新竹只有一輛私人轎車，公共汽車很少經過，走在馬路中央是很安全的。」

下　傍晚五點半多，我們終於踏入家門。將近六點，耶穌會的神父們就派人送來可口的晚餐。神父們一路的關懷和照顧，可說是無微不至。

上　1957年12月24日，我們從西門街搬到中正路新建的紅瓦灰牆、純中國式的會院。我們在這裡住了將近二十七年，直到我們遷院至芎林。

下　德蘭姆姆是中國迷，中正路的會院完全以中國式建築和佈局為主。聖堂內懸掛的是中國式的宮燈，木雕的祭台和聖體龕上，也全是中國式的紋路。

上　這是中正路隱修院的走廊，直通我們的經堂，當時我們穿著斗篷和頭紗，參加隱修院的落成彌撒儀式，之後就封院、成為有禁地的正式隱修院。

下右　1967年，蔣宋美齡夫人臨時決定前來中正路隱修院，當時的德蘭姆姆恰巧陪修女住院羅東。因為是第一夫人，有權進入禁地，所以由我們幾位修女陪伴參觀隱修院。

下左　這張照片是我和創院的德蘭姆姆的合影。德蘭姆姆不會說中文，所以我成了德蘭姆姆的翻譯官。在中正路建院的過程中，我們天天一起搭三輪車到工地，我們幾乎形影不離。

上 這是苕林的經堂，我們正在唱日課經。在苕林的這段時間，隱修院的人數蓬勃發展，最高紀錄有十二位初學生，我們就不得不規劃深坑分院了。

中 這是苕林隱修院的中庭，由迴廊環繞的中庭，是我們每天的必經之地。

下 這是外界聖堂大門的遠照。在景色宜人的苕林，藉著這個聖堂，我們認識了非常多的好朋友。

上　這大約是1987年、我們搬到深坑前幾年的團體合照。當時已有六位初學生（頭戴白紗的）。

中　我（當時的院長）和初學導師Mother Mary的合照。Mother Mary是傑出的初學導師，也是非常稱職的院長。

下　我和Mother Ann的合照。Mother Ann在廚房工作30多年，是初學生們的好榜樣，她們在她身上學習到修德的秘訣。Mother Ann也是後來深坑隱修院的初學導師和院長。

左　這是翁德昭神父。從1972年1月第一次帶領我們避靜開始，直到1994年4月過世為止，他當我們團體的神師共二十二年。每兩三個月，他一定會來隱修院住三天，指導每一位修女，修女們都非常敬愛他。每一位修女在他身上獲得非常豐富的恩寵。

右上　我們在再興中學的合照。從左到右是殷保祿神父、費濟時主教、我、伍修女和朱秀榮校長。當時我們正在興建深坑隱修院，殷神父特別從泰國來關心我們的建院。這應該是殷神父最後一次來台。

右中　戴琦和我在芎林隱修院落成的那一天的合照。戴琦是給芎林隱修院找地、蓋院的功臣，數十年來照顧著芎林隱院維修的一切所需。目前也參與大林隱修院的建院。是我們加爾默羅會六十多年的朋友。

右下　這位是梵蒂岡來的樞機主教，在劉獻堂主教的陪伴下，參觀芎林隱修院。通常，有來到新竹教區的梵蒂岡樞機主教，多半會想來看看傳教區的隱修院。

這三張照片，是我們了不起的修女們，一同開發隱修院潛能的歷史照片。

我們本會的馬爾他籍的戴德良神父，奉派來台協助建立男修院。當他來到芎林時，看到我們隱修院有大片沒有利用的土地，簡直無法相信，決定教我們如何善用地利。

在他的建議和指導下，我們的果園、菜園和花園如雨後春筍般冒出來。過程中，從整地、攪拌水泥、蓋擋土牆、種花、種菜、種果樹，我們全都樣樣自己來。

上　這張照片是大家熟悉的深坑隱修院的庭院。每一位來到這裡的人都說，這裡的寧靜氣氛，總是讓他們感受到天主的臨在，以及帶著滿滿的喜樂回家。

下右　這是1987年年初深坑隱修院動土典禮，照片中的女士，就是捐地捐款蓋會院的朱秀榮校長。

下左　這是深坑隱修院的大門。在深坑修院落成前幾天，我從外邊回來，當我站在路邊的大門前向修院望過去時，只見修院坐落在青山綠樹裡，襯著遠方疊嶂起伏的山丘。在那當下，我感動得不得了，我只能在心裡吶喊：「你是天主的宮殿、天主的家，我愛你。」

上　這是我最喜愛的地方：深坑隱修院的經堂。每天至少會到這裡六、七次。而我最喜歡一個人默默地坐在右後邊的角落，凝視著那盞小紅燈。

下右　這是我們的餐廳，後面的佈景是修女繪製的耶路撒冷聖城。當時，慶祝我的九十歲生日，她們表演梅瑟的一生的故事。

下左　這是深坑隱修院的聖堂的彩繪玻璃。上面是背著小羊的耶穌善牧。

上　這張照片是2015年、苐林深坑兩座隱修院共四十多位修女，齊聚深坑經堂，一同歡迎會母聖女大德蘭拐杖來台。

中　每一年的五月，每天早上我們會在聖母山洞前唱聖母禱文、誦唸經文，然後齊唱中文和英文的聖母歌，敬禮聖母。

下　修女們為了慶祝我的金慶，苐林的修女們也來到深坑。深坑的修女們為了歡迎苐林的修女，特別表演的打大鼓。看清楚喔，我們的大鼓和別人的不同，是修女們的創意。

上右　這是和馬爾他籍的戴德良神父的合照。他為了我的入會鑽石慶，2018年特別來台。他也是前面提到教導我們開發地利的那位神父。

上左　朱秀榮校長為了慶祝我的金慶特地來隱修院看我們的表演。修女們表演達尼爾先知的故事，朱校長她穿的戲服是那步高王。所有的人都是演員，觀眾只有兩位：我和朱校長。

下　這是老院長和新院長的合照。我鼓勵著我的繼承人好好做，好好實行老姆姆的遺囑——要一代比一代強。

給我最親愛的朋友們：

溫良的人是有福的，
因為他們要承受土地。
憐憫人的人是有福的，
因為他們要受憐憫。
心裏潔淨的人是有福的，
因為他們要看見天主。
締造和平的人是有福的，
因為他們要稱為天主的子女。

14 兩位恩人

在六十多年後，我試著記述自己的初學時期時，一個回憶突然在我的腦海中浮現。我覺得應該將它寫下來，好證實我所記得的這些美好歲月中，也是不缺乏痛苦成長的。這個回憶與我的兩位初學同伴有關，在我早年的青春歲月中，這兩位同伴，曾使我有非常不光彩的掙扎。

接受事情本來的面貌

第一位同伴是在柏克萊修院建立不久後，入聖克拉拉修院的。她是從蒙大拿州來的，是個年約四十的人。在她進入我們的初學院之前，已聽說她是一個很有靈修、又充滿使徒精神的靈魂，我們還聽說她入會時，已打算在蒙大拿州建立一座加爾默羅會院。

因此，我對她產生了敬畏之情，迫不及待想見這位聖善的人物，好奇她到底是怎樣的一個人。

她來到初學院沒多久，我就注意到她與其他人不同：她極度地有禮貌，說話的方式很安靜，字字句句既文雅又有分寸。她知道自己在說什麼，所以我們不敢問她問題，更不敢反對她說的話。她從來不對任何事感到興奮，也不會顯露自己的感情。她也很少加入我們的熱門話題，或參與我們的熱烈討論。她讓我覺得自己在下，而她在上。

此外，她的禮貌是超越塵世的。無論我何時在初學院的門口撞見她——這是常有的事，畢竟我們只有一扇門通往主要的走廊——她都會非常鄭重其事的站到一旁，再邀請我先通過。身為中國人，我們總被教導要尊敬長者，因此我會本能地反對她這樣做，但我從沒有成功過。

這事屢次發生，我開始感到惱火了，於是我向初學導師 Sr. Gabriel 尋求解決之道，她則指導我說：「不要試圖去改變任何事，只要接受事情本來的面貌。在加爾默羅會，重要的是利用每一個機會去接受天主打發來的事。」感謝天主，我的考驗沒有持續很久。她領會衣不久後就離開我們了，我再也沒聽到她的任何消息。儘管我已不記得她的名字，但我沒有忘記她。她是我的恩人，若是沒有她，我會錯過某些我需要學習的重要功課。

天主也沒有忘記我。因為祂很快就賜給我更多的機會，要我學習更困難的功課！

主啊，我可以一輩子為她做鞋！

我成為初學院老大後沒多久，Sr. Seraphim入會了。她生得很美麗，到令人驚豔的程度，但她飽受小兒痲痺之苦，必須拄著一支拐杖走路，而且她的一隻腳比另一隻腳要小。我會注意到這件事，是因為我是負責做鞋子的（這種鞋子是會母時代窮人們穿的涼鞋，鞋底以粗痲編製，鞋面以細線編織；現在已沒有人穿這種涼鞋了）。那時，初學院有三個中國人：我在上海的同學Sr. Jacinta，從香港來的Sr. Maria Pia，最後就是我。此外，還有我的雙胞胎Sr. Lucia，她大部分的時間都待在廚房裡，以及一位保守生Stephanie。

在初學院的散心時間，我們這群中國初學生們，很自然地會引出一些話題，我們的初學導師會針對我們的談話做出一些回應。很快地，我就注意到Sr. Seraphim很少開口說話。每當我們談起在中國的經驗、或是與此相關的話題時，她的臉上總是有一抹神祕的微笑；我想，可能因為中國對她而言是個陌生的國度。

但日子一天天過去了，她的微笑始終不變，她始終沒有表示過任何意見，或是對我們的談話表現出興趣，我開始感到很困惑。後來，我慢慢意識到，她來自富裕的家庭，居住在好萊塢（或就在那附近），她的背景與我們是截然不同的。為了讓她在散心時更自在些，我開始刻意加入讓她覺得親切一些的話題，像是我們加爾默羅會有趣的傳統、會院中一些令人興奮的發現、收成梅子及核桃時的喜樂，等等。但似乎沒有任何事能引起她的興趣，或改變她那抹神秘的微笑。

她看起來如此無聊，而我們喋喋不休地談論著這些幼稚的話題，她必定覺得我們像群無知的鄉下土包子。當然，這是我個人的感受與判斷，結果導致我對她開始有一股強烈的不喜歡。更糟的是，我還得為她做鞋……。

Mother Maria Fidelis很細心地將Sr. Seraphim的需求告訴我：我必須以某種方式調整其中一隻鞋的橡膠鞋底，漸進地增加腳跟的高度，當她雙腳著地時，她的兩腳才能平衡地站在地板上，走路時便不會跛腳了。而且這個特殊鞋子的鞋面也要夠緊，必須符合她那隻小腳的大小。

我幾乎花了整整一個月的時間來雕塑鞋底的傾斜度，並將鞋面編織好。當試穿的日子來到時，她卻從中挑出那麼多的毛病，而且對我付出的一切辛勞與努力，沒有說出任何一句感謝的話。其實，打從我開始為她做鞋時，我就幾乎沒有任何德行可言；在這殘酷的時刻裡，我更是拿不出半點德行來。我相信，是因著天主的仁慈，我才沒有拿鞋子扔她。

與這位好姊妹的這次會面，一點兒也沒幫助我軟化我的心，相反的，更增加了我對她的反感。那時，我已看不見她的任何優點，只看見她的毛病、她缺乏德行，還有她那令人徹底討厭的態度。

結果，我的內在騷動不安，外在也愁苦不已。就在那一天——必定是魔鬼前來試探我——Mother Maria Fidelis來對我說：「親愛的，你不需要為Sr. Seraphim做另一雙鞋了，因為我不認為她會留下來。」聽到這個消息後，我簡直要高唱讚美主了！但我瞬間停了下來，某個東西，或說某個人，在我內劇烈地反應著。

我走錯路了！在驚愕中，我跪下來，我以全部的力量無聲地吶喊著：「主，怎麼了？」

但我沒有得到任何答覆。我被留在自己的掙扎中、做錯事的痛苦裡，卻不知該做什麼或轉向何方！

就在那之前不久（一九五二年十二月），我的初學導師Sr. Gabriel因為重新選舉而離開初學院，Mother Agnes退下院長的職務後成了我們的初學導師。我尚未找到與Mother Agnes交往的方法，我必須獨自戰鬥。

我像聖伯鐸一樣，正在洶湧的浪淘中不斷下沉！我不斷地熱切祈禱，然後，我想起Sr. Gabriel曾對我說的：「不要改變任何事，接受事情本來的樣子。」對了，就是這樣，接受痛苦、掙扎，以及試探，一如它本來的面貌，然後面對它。這些是不爭的事實，而這就是我，是我所在之處。既然一切都超出我的力量，如果天主要我過加爾默羅會的生活，祂會有辦法的。

風暴平息下來了，但我沒有嚐到平安滋味。然而，我看見一絲陽光，使我知道該如何走下一步，於是我對親愛的上主說：「我不在乎Sr. Seraphim會不會留下來，我已經準備好一生為她做鞋！」這就是這段插曲的結局。

就在我們要離開美國到台灣創院前，Sr. Seraphim發了初願。我很確定自己沒有成為她親密的朋友，因為天主並不渴望如此，但祂的計畫是藉著Sr. Seraphim，使我認識自己從未碰觸、從未面對過的軟弱，再慢慢地體驗祂無限的仁慈。

當然，這是一個奧秘，經由這段插曲，我只是設法碰觸這奧秘的表層。我還有一輩子的修道生活在我眼前，讓我更深地進入這奧秘。以我八十五歲（執筆當下）的年紀，依然在祂仁慈深不可測的富裕及全能的慈愛裡，繼續探險。

「不知道未來」是一件好事，更別提我那漫長的六十年歲月中，所經歷的大大小小改變、喜樂、考驗，以及日常生活中數不清的變化。當我開始回憶起短短數年的初學歲月、那段跌跌撞撞的成長階段，想到走向成全修道人的種種掙扎、那些愚蠢的茫然步履，我真不知道是該哭還是該笑？在現今看來，那些真是在浪費天主的時間。

但當我再想想，我似乎了解到，或許在我修道生活初期的那些茫然、犯的一切錯誤、我的軟弱、重大錯誤，我經歷的一切考驗及試探，即便沒有讓我在唯一需要的德行上進步，它們卻可以給後來的人作為借鏡或鼓勵。

如果知道我如何跌倒、多少次誤入歧途……，我必須說，沒有一個加爾默羅修女有權利灰心喪志，覺得自己達不到成全的頂峰。況且，我相信，無論我們有多麼糟糕、多麼分文不值，只要我們仍然渴望與天主結合，且懷著堅定的決心，決定不計代價堅持到底，天主不會讓我們失望的，也絕對不會放棄我們。

15 我的初學生活二

我懷抱著同樣的目的，再次開始講述我的初學歲月。今天（二〇一一年七月二十九日）是聖瑪爾大瞻禮，也是我們的Mother Teresa逝世二十六周年的紀念日。

＊

儘管我熱愛唱經，但當寒冷的十一月開始時，念晚間的日課（我們稱之為「誦讀」）就不是那麼令人感到安慰了；尤其是當我回到斗室、面對冰冷的床鋪時，已經是晚上十點半或十一點了。我很羨慕其他初學生，她們每周輪流可以在晚上九點時先行離開。在我還是個保守生時，我從來沒被寬免不去念誦讀。自然，我對此感到困惑，接著開始期待，但什麼事也沒發生。很快的，我開始在內心抱怨，不滿也隨之而來。我希望Agnes院長姆姆能注意到這件事，但沒有人說話，我就一直被忽略了。我不敢將心中的掙扎告訴任何人。就在這時，另一個考驗正等待著我。在我們領會衣前，必須做八天的避靜。十月底，當我的初學導師告訴我，即將在十二月八日領受會衣時，我便熱切地期待避靜，但Agnes院長姆姆只給我三天的避靜，而不是我原本期待的八天。可想而之，我心中是多麼的失望。

這一次，我還是不敢向任何人抱怨。或許，我不想讓別人看到我沒有德行而失掉面子，又或許，我還沒有和任何人足夠親近——像我與殷神父及唐姆姆那樣——能夠很自然地敞開我的心扉。總之，我設法將一切的愁苦及失望鎖進心中，然後繼續在初學生活中發現新的事務。

十二月八日領會衣時，Agnes院長姆姆給我的會名叫Paula，和我的神師殷神父一樣，保祿是我的主保；但因為我是女生，所以改為Paula。

我的白冷

就在我領受會衣後不久，我們開始準備聖誕節慶。我們的修院是奉獻給小耶穌的，因此聖誕節前忙碌又令人興奮的準備工作，已足夠讓我忘記那仍存留在我記憶中的一切傷心事了。當我看見大大小小像森林般的聖誕樹，整整齊齊地排在中庭裡時，我簡直欣喜若狂。這些樹木散發出的香氣，以及碰觸時的感受，都使我充滿了幸福的感覺。

我們花了一星期的時間來裝飾各個角落：經堂、會議室、散心室、初學院……到處都煥然一新了。而救主即將到來的喜樂，也在我心中不斷滋長；但其中最大的喜樂——我無法不用「天堂」一詞來形容它——莫過於子夜彌撒了。

我們跪在漆黑的經堂中，透過那覆蓋著一層厚簾子的格窗，我們可看見朦朧的光線從燈火通明的外界聖堂穿透進來，接著，隆重的大禮彌撒開始了。主祭神父訓練有素的嗓音，與耶穌會Los Gatos初學修士們組成的合唱團相互應答著，這美妙的歌聲立即將我帶到了白冷，在那兒，天使們高唱著「光榮頌」。當舉揚聖體的鈴聲在靜止的夜晚中響起時——因為在那一刻，時間似乎靜止不動了，當天上人間緊緊地擁抱在一起時，信德的黑夜便化為光明。六十年後，我仍記得，當我們到格窗前領聖體時，那位年輕的初學修士，以美麗的男高音唱著Yon Pietro的「嬰孩耶穌」。

子夜彌撒後，我們前往餐廳，享用剛烤出來的傳統加爾默羅會葡萄乾麵包。我永遠也忘不了那麵包的香氣與滋味。然後，就在我咬下最後一口麵包時，我的同伴叫我趕緊去拿披肩。我當然不知道要拿披肩做什麼，但我很快地就見到Agnes院長姆姆及幾位年長的黑紗修女已圍上披肩，一位修女手提著點亮的老式油燈，全都站在中庭裡等著我們加入她們。我的同伴們告訴我，我們要出去散步，但Agnes院長姆姆說，我們是一群要前往白冷的牧羊人！

我們在冰冷的空氣中，在寧靜的星空下走了一段時間。黑紗修女們低聲地彼此交談著，我們初學生們則是興奮地吱吱喳喳。我完全不知道要去哪裡，直到我們來到一間坐落在我們花園盡頭不遠處的小屋前。當Agnes院長姆姆推開木造的門，從壁爐發出的明亮火光，迎接我們的到來。修女提著的油燈點亮了這個房間，透過微弱的光線，我看見整個地板都覆上了厚厚的稻草。房間盡頭站著聖母與聖若瑟的大型態像，小耶穌就躺在他們中間的馬槽裡。

見到救主降生成人的場景，如此寫實地在我們的馬廄中呈現，我的內心一陣激動。接著，由Agnes院長姆姆開始，一個接一個，我們跪著唱出歡迎嬰孩救主的詩歌——那是我們每個人在將臨期間所譜寫的。之後，我才知道這幢小木屋叫「白冷」，每年只在聖誕夜及聖誕八日慶期間開放。

陪在祂旁

聖週四是我另一個難忘的回憶。早晨彌撒後，我們初學生會賽跑到花園中去採摘我們能找到的花。在那時節，花園裡已開滿了鮮花。我最喜歡的花卉是小蒼蘭（Freesias）；我喜愛它的色彩，以及散發出的香氣。待聖體移至聖母小堂後，我們就可以自由地將所有採集到的花朵帶到那兒去裝飾小堂。每當我看見小堂內充滿花朵，使我們幾乎看不見牆面時，我好快樂！

有各式各樣的玫瑰，有一些是長莖的金黃色玫瑰，還有百合、鳶尾花、紫丁香、紫藤，以及許多我叫不出名字的花朵，它們全都是從我們的花園裡摘來的。當我看見自己的小蒼蘭總是被排在祭台上最靠近聖體——因為它們是短莖的——時，我心中總是暗自竊喜。待小堂一裝飾完畢，修女們就可以去朝拜上主。我最期盼得到的位置就在小堂後方的一個小角落裡，我想在那兒待多久就可以待多久，因為那天是罷工日，無須手工操作。

夜晚每人兩小時的守夜禮，我通常都被安排在午夜後陪伴聖體。由於還有其他少數幾位修女也和我同時守夜，因此我總是退進自己最喜愛的角落裡。然而，這兩個小時卻總是顯得如此短暫，因為祂是如此靠近、如此親近。

痛苦將一個人貶抑為靜默，那靜默會吸引人心。當那痛苦是耶穌的痛苦，而靜默也是祂的靜默時，不知為何，心靈會感受到，人能為祂做的唯一一件事，就是待在祂身旁。

我理解到會母為何會與革則馬尼莊園的耶穌特別親近，看到那時祂獨自承擔著如此多的憂傷與苦悶，會母真的體會到她那卑微的臨在，是祂接納的。從那時起，聖周四總會將這些早年記憶帶回心中，伴隨這些記憶而來的，還有憂傷與愛的奧秘，直到現在，我仍然難用話語形容這奧秘。

16 接受羞辱

現在，我覺得應該再談談先前提到的時序裡的幾段插曲。

當我回顧這些往事時，這些事看似毫無意義，然而在我的初學歲月裡，一切事情都顯得既重大又重要，所發生的插曲就不只是個考驗，而是真正的災難了。這些插曲中的第一個——如果我沒記錯的話——是在我穿會衣不久後發生的。那時，殷神父已被逐出中國、回到美國了。很自然地，他想知道我在修院裡過得如何。他在談話室見過我之後，便要求Agnes院長姆姆許可，我可以寫一封私人信函給他，如此一來，我就可以自由地表達我真實的想法與感受了。

我猜想，殷神父急切地想知道我在適應美國修院及美國姊妹，有沒有任何困難？也想知道我是否有表達我的困難？我了解神父的關心，但卻沒想到，這突如其來的要求，會對Agnes院長姆姆產生什麼影響。

被釘十字架

當天唸完誦讀之後，Agnes院長姆姆來到我的斗室，將殷神父的請求告訴我，我看出她的不解與不認同。但她並不想拒絕神父，於是我就成了她沒有說出口的不認同的罪魁禍首。從那時起，我與Agnes院長姆姆之間的關係就變得有些緊張。

第一個徵兆出現在感恩節後的散心日，當時團體都聚集在中庭，我們初學生以賽跑的方式跑到Agnes院長姆姆面前跪下，接受她的降福。我們每次大約有五人參加這個賽跑，然後Agnes院長姆姆會微笑著一一降福我們。經過上次事件後，當輪到我接受降福時，她卻跳過我繼續降福其他人。

起初，我以為Agnes院長姆姆只是漏掉我了，但這情形一而再、再而三地發生，我便明白了。於是，我開始掙扎是否要參加賽跑。當然，最簡單的方法就是找個藉口溜掉，但這並沒有帶來平安。所以，每一次，我還是照常參加，而每一次，我都感受到自己被羞辱、被拒絕。幾個月後，我開始漸漸習慣被忽略了，我甚至再度開始享受與同伴們賽跑的樂趣。

由這件事我反省到，剛開始面對羞辱時是很困難的，但只要我們學習放開感到受傷的自我，這種痛苦是可以漸漸習慣的。在那之後，我們會看到，除了將一切交到天主手中之外，真的沒有其他方法可以越過這種痛苦。慢慢地，我的這個自我在我內安靜了下來，我感受到平安，我不再試圖找出Agnes院長姆姆如此行事的原因，而是讓天主自由地以祂的方式行事。

當我正想著自己的考驗已經過去時，另一個考驗又接踵而來，但這個考驗沒那麼糟糕，我沒有費太大的勁就越過了這個障礙。

事情是這樣發生的。

我發初願不久後，就被指派擔任當週餐廳念書的職務。那天晚餐時，當我才剛念殉道聖人列傳，Agnes院長姆姆便示意我停止，離開念書台，開始與團體一同用餐。隔天午餐時，同樣的事又發生了。我才開頭念幾個句子，Agnes院長姆姆就示意我停止，坐下用餐。很自然地，我下結論說，我的英文實在糟得無法在餐廳念書，因此要我停止是對的。然而，當這情況持續了整整一個禮拜，團體便開始議論紛紛了：「以前從沒發生過這種事啊！」

Mother Maria Fidelis一定覺得事態夠嚴重了，她必須做點事情。於是，她開始私下教我念書。每天，她都花半個小時的時間坐在散心室的一頭，然後叫我從散心室的另一頭唸書給她聽。她矯正我的發音，教我修正每個字的重音、正確的聲調、停頓，以及正確朗讀的訣竅。當我漸漸掌握念書的技巧後，我便完全明瞭為何Agnes院長姆姆無法忍受我的念書了；對於她給我這個學習機會，我真是再感激不過了。

在此事件之後，我度過了好幾個美好又快樂的月份，然後，我又跌進了我最糟，或幾乎可說是我初學時期最大的災難中。

那或許是在我發初願兩年後。一天，Agnes院長姆姆向團體宣布，一個有名的道明會神學家將到我們修院來講避靜。我們大家都非常興奮、非常期待。結果他是一位溫和又含蓄的人，他的講道算是普通——回到現實之後，我們會這麼說。我所記得的一件事，便是他在講道中強調實行信仰的重要性。

避靜的最後一天，Agnes院長姆姆宣布，若有人想再去辦告解，神父有空檔。我的初學導師Sr. Gabriel鼓勵我去，但她如往常一般，將這件事交託上主，她叫我照常到花園去工作，若是上主願意的話，祂會讓Agnes院長姆姆派人來叫我。就在午餐前，有人來叫我，所以我就等著輪到我去辦告解，接著，我走進了告解亭。我才剛跪下，就立即感受到一股很大的釋放從我內在湧出，而我還尚未開口說話呢。

當我告完我的罪後，神父說話了：他解釋我的狀況，指導我，給予我建議。我很驚訝地發現自己不僅被理解了，而且被提升到如此寬廣、如此美麗又珍貴的視野之上，以致我有片刻時間驚奇地出了神。

當我回過神來時，我發現自己竟能輕易地敞開自己，將我那可憐又無頭緒的祈禱方法告訴他。我很確定他以極大的耐心聆聽我滔滔不絕地講述自己混亂的狀況。當我總算結束，他先是整理我那團混亂的報告，接著提出一些啟發性的說明，然後給了我清楚、堅定的指示。直到今天，我仍聽得見他那溫和卻富有權威的聲音：「絕不要害怕受苦，尤其不要怕黑暗與無助。這些是祂非常特別的禮物。修道生活必須充滿考驗與羞辱——那是一種被釘十字架。要勇敢堅持下去。」

我不知自己在告解亭裡待了多久，因為我已經失去時間感了。當我搖搖晃晃地——我跪了這麼久，以致無法站穩腳步走路——從暗處走回光明時，我大吃一驚！站在我對面的不是別人，正是Agnes院長姆姆！由於我的眼睛一時還無法適應光明、又幾乎無法站穩，我索性跪在她腳邊。然後我聽到從我頭頂上傳來嚴厲的責備聲：「妳知道自己在告解亭裡待了多久嗎？妳難道不知道還有其他修女等著辦告解嗎？多麼自私、自愛！不考慮別人只想自己！」

我知道這完全是我的錯，而這些責備是我應得的。Agnes院長姆姆是對的、是公正的。但我感覺自己如此虛弱，以至於我無法開口承認我所犯的嚴重錯誤，因此我只是跪在那兒，直到Agnes院長姆姆離我遠去，我才慢慢地站起身來，回到我的斗室。那時，午餐已經結束，修女們也散去了。我很高興自己能單獨整理我的思緒。

過了一會兒，一陣輕輕地敲門聲響起，我的初學導師Sr. Gabriel可親的臉出現在半掩的門邊。她以焦急的聲音，輕聲說道：「妳餓嗎？我可以為妳準備一點吃的嗎？」我輕聲回答：「喔，不，Mother Mistress，我不需要任何東西。」幾天後，她告訴我，我的臉龐散發出喜樂的光輝。

這個事件才剛剛過去，另一個完全意想不到的災難又降臨到我身上——儘管這次事件的性質大不相同。

我差一點燒了修院！

我是負責做我們西班牙式的編織涼鞋的。這種鞋子，最後必須用膠將這些手工涼鞋與橡膠鞋底黏合在一起。這是一件複雜的工作，因為我必須上五層膠，而每層膠之間必須間隔三小時。因此，我每一次都收集十雙鞋底，待團體彌撒一結束，我就開始上膠工程。我已計算好上完一批鞋底所需的時間，而最後一次上膠恰好是在念誦讀的時間。既然我不能缺席念日課，我便靈機一動，拜託一位準備作輔理修女的保守生Alicia來幫我的忙，替我上最後一層膠。她是一位愉悅又慷慨的人，她欣然同意幫我這個忙，因此，我就不再掛念這件事了。

那天晚上進行誦讀時，我們聽到靠近我們經堂的樓上傳來一陣很大的騷動聲。我雖覺得困惑，但並沒有太注意這件事。隔天早晨，用完早餐後，當我前去收集我勞動的成果時，哎呀！映入我眼簾的，是何等災難的景象啊！

每一隻鞋底都燒毀了，鞋底散落一地。然後，我突然領悟到，我們昨晚聽到的騷動聲正是從這間斗室傳出來的。我在這斗室的床板上排放了預備要上膠的鞋底，由於這間空斗室沒有燈，我也不懂那膠罐上的大字「易燃物」是什麼意思，所以我告訴Alicia用蠟燭照明。事後，有人告訴我，當Alicia在工作時，蠟燭的火焰飄了起來，點燃了每一隻鞋底，火焰在四處燃燒起來。Alicia失聲尖叫，所有的輔理修女聞聲趕到她那兒，見火舌在每隻鞋底上燃燒著，於是她們開始拍打鞋底撲滅火焰。Alicia嚇壞了。

當然，我是這可怕事件的罪魁禍首，這場火災很可能會燒掉整座修院。我必須去見Agnes院長姆姆，向她訴過，並接受一個大補贖。這是規定。

我在驚恐與不安中，等著Agnes院長姆姆的召喚。日子一天天過去了，Agnes院長姆姆沒有叫我去。當我在散心室親吻Agnes院長姆姆的聖衣時，她只是示意我坐下，並沒有說半句話。過了一段日子，我注意到Alicia不在。然後我聽說她離開了。

我的罪惡感幾乎變得讓我無法忍受，但我卻不知該轉向何方！

又過了許多日子，當我在散心開始時跪在Agnes院長姆姆面前，她隨口對我說：「孩子，妳可能會燒掉我們整座修院。妳知道，我們修院的禁地門是沒有通路可以讓消防車進來的。」當我試著訴過時，她阻止了我，用手勢叫我坐下。因此，我親了地板，走到我的座位。我的心中感受到光明，因為我已做了我所能做的了。但今天，當我想起Alicia，我確信耶穌已親自為我嚴重的疏失完全補償了她。

當我們來到台灣後，某天，Mother Teresa告訴我，在我決定發終身願前，Agnes院長姆姆已決定要我離開修會。我的初學導師Sr. Gabriel非常苦惱，十萬火急地請求Mother Teresa為我祈禱；至於我，則對這醞釀中的悲劇全然不知！直到一九五二年十二月選舉之後，Mother Agnes退下院長職務成為我的初學導師，而Mother Teresa接任為院長，我才免於「被離開修會」。

不過，成了我的初學導師的Mother Agnes，每當她來到我斗室與我神修談話、而讓我受苦不已時，我才漸漸體會到Mother Agnes對我已經是極度反感了。

因為當時，她會坐在我床上往窗外看，她幾乎從不正眼注視我，即便我盡所能地向她報告我的祈禱生活，但我感受到我的報告在她眼裡一無是處。與我的Sr. Gabriel很不同的是，即便她有時會在神修談話一小時的最後幾分鐘才匆匆提到我的斗室，並因自己必須為草皮澆水而感到抱歉，但這幾分鐘的時間卻充滿了完全的理解與鼓勵，可以持續幾個星期，甚至幾個月。

至於Mother Agnes，她總是給予整整一個小時，但這一小時卻非常難熬，因為我不知道該說什麼或該怎樣表現。在那時，我必定時常想起那位道明會神父對我說的話：「修道生活必須充滿考驗與羞辱，那是一種被釘十字架」。

回顧過往，我漸漸得到一個結論：Mother Agnes是天主在聖克拉拉修院賜給我最重要的禮物，同時也教導我如何與自己的「喜歡」及「不喜歡」戰鬥。

說真的，我這輩子很少體會到別人不喜歡我，更別說是非常不喜歡到厭惡我的地步。因著我性格中原本強悍的因素，Mother Agnes給我的挫折和反彈也就非常大。但天主為了深化、開闊我的人格，使我意識到別人、體會到別人的感受與需要，這些經驗是不可或缺的。

由於我熱愛加爾默羅會的一切，所以我當時也就不甚在意自己的「不喜歡」，也就不太去調整這部分的自我。然而，這個自我是非常需要去克制、去受貶抑、去克勝，使它變得柔軟、順服。

我本可從這無價的教育裡獲得許多益處，使我在未來的日子裡更悅樂天主，更令我的團體感到舒服的，唉！但我卻沒有。天主仍須提供其他的工具來捶打、雕塑我這塊拙劣的材料。

17 天主的三個禮物

一九五三年十二月十日，我誓發了終身願，我深愛、珍惜的初學歲月已告終結。那時，天主在我心中深深埋藏了祂賜予的三個禮物，而且我相信，它們會一直留在那兒，直到我生命的盡頭。

第一個禮物，是將我從時間的奴役中解放出來。當我進入初學院時，我注意到只有一個小小的鐘錶被安置在我們小經堂的架子上。由於我們不准有錶，所以我們都學習聽鐘聲過活，對我們而言，鐘聲就是天主的聲音，召叫我們去唱經、操作、用餐、退隱斗室……等等。既然我們沒錶可看，所以沒過多久，我就喪失了查看時間的習慣，也不再專注著要將事情「準時」做完——這不但對人造成壓力，當然也表示事情必須依照我的計畫進行。

當我依賴鐘聲告訴我何時該停止工作時，我也喪失了擬定工作計畫的習慣，因此我在工作中，頭腦可以保持安靜，注意力也不會被擾亂，一直做到鐘聲響起為止。這幫助我在內在靜默上的成長，收心斂神因而變得容易多了。到了台灣後，我們雖然恢復使用鐘錶，但我始終沒有失去對這份自由的愛——可以不被事情、工作綑綁，尤其不成為時間的奴隸。

我的第二個禮物便是隱修院的靜默。我們修院的占地非常廣大，以至於我從未見過我們禁地的圍牆。加上成群的巨大樹木栽種在一起，因此，禁地內好似隨處都會遇見森林一般。我住在聖克拉拉修院的最後兩年，我的斗室正對著花園，在唸誦讀前那段大靜默的時間裡，我習慣坐在窗前的黑暗中，觀看遠處樹叢中的夜影，聆聽那漸趨深沉的靜謐。然後，我常想起我們會父的這段詩節：「吾室已靜息」。修院夜晚的大靜默傳達的寧靜與沉寂，在我心中留下如此持久的印象，甚至在六十多年後，它仍帶給我充滿天主活生生臨在的幾個靜止時刻。

第三個禮物是我的初學導師Sr. Gabriel。

至今仍然有如泉湧一般的這個禮物，我自然有許多可寫的，因為她始終活在我感恩的回憶裡。她是最有藝術天分的，她不但能畫出很美的東西，也會寫詩。但她從不利用自己的天賦來尋求自我滿足，她只為服從及服務他人而使用這些天賦。我相信團體如此喜愛她，就是因著她的愛德和她的謙遜。此外，她也給自己許多受人羞辱的機會，因為她極度地心不在焉。譬如，她走出去敲鐘，但過了一會兒，卻滿臉困惑地走回來，不知自己為什麼走出去，鐘也沒有敲。或者，當她比別人先用完晚餐時，她會站起身來收拾那些待洗的碗盤。當大家看見她站起來時，就知道下一步該做什麼了：大家會趕緊將自己還未吃完、但仍願享用的餐點盡可能地挪近自己，因為Sr. Gabriel會如旋風似的巡過餐廳，並將一切她看見、覺得需要洗的東西都一併帶走。

當然，有些修女會覺得有些惱火，有些則覺得好笑，但沒有人會真的生她的氣，因為她非常謙虛，總是那第一個感到困惑及難為情的。此外，倘若有人責怪她，她也是第一個同意別人生氣是有理的，因為連她自己都很難忍耐自己！

我除了做涼鞋，我也負責修補涼鞋。當姊妹們的鞋子需要修補時，她們會先將鞋子清洗乾淨，並且晾乾之後再交給我處理。

一天，我的初學導師Sr. Gabriel的涼鞋有些破舊、需要修補了，我主動拿去清洗並修補整齊。當我把洗好、補好的涼鞋交到Sr. Gabriel手裡時，她立刻給了我一個揉合了溫柔、慈祥、謙虛、和藹的微笑，這個微笑讓我永生難忘。

在這個微笑裡，我感受到Sr. Gabriel以她的心擁抱我，這個擁抱不只表達了她的感激，還有她的祝福；進入到我心裡的是「深深的被愛」，我完全被幸福、溫暖、喜樂包圍住了。

我的心也向Sr. Gabriel完全敞開，接受她給我的一切，和這滿滿的祝福。我感受到Sr. Gabriel的一部分進入我的心，並且會終生住在我內——Sr. Gabriel是我永遠的導師姆姆。Sr. Gabriel給了我接納所有人的好榜樣，還有儘量肖似她的那顆寬容的心。

為了別人，完全燒盡自己的痛苦和損失

這些只是我對Sr. Gabriel的一些短暫回憶。但她究竟從何時開始成為我真實而永久的禮物呢？那要回溯到一件小意外，我相信那事發生後不久，她自己都忘記了，但我卻絕不會，也不曾忘記過這件事。

那時，我才入會一年多。一天，我剛忙完花園的工作，從大太陽下回到屋內，因此一時間眼睛還看不清屋內的事物。在我們修院會議室的後方，有一條類似隧道的狹窄走廊直通到餐廳和散心室。當我踏入那條隧道時，我聽見一個聲音從另一頭傳了過來；那是一個節制但非常嚴厲的聲音，有人用非常羞辱人的字眼在責斥一位修女。我在昏暗中

見到一位修女跪在Agnes院長姆姆跟前。我嚇呆了，動也不敢動。然後，Agnes院長姆姆走開了，那位跪著的修女站了起來，轉向我所在的方位。那是我的初學導師。

當她一認出我，便快步走向我，將我擁進懷中說道：「這沒什麼，孩子，這沒什麼。」一見我嚇成這樣，她覺得很難過，然後她看著我，臉上露出真誠的微笑。那是母親的微笑，溫柔、謙和又慈愛，但我看見她眼中泛著淚光。我無法忘記這個事件。隨著我在加爾默羅會日益成長，這事件的意義也在我內一起成長。

在那修院裡，在我加爾默羅生命的搖籃期中，我見到許許多多愛德、慷慨、祈禱、刻苦、犧牲的好典範，她們全都激發我去效法。

但那一天，在那短短的幾分鐘裡，我相信我見到了我所尋求的加爾默羅會，以及我想成為的加爾默羅聖人。我活得越久，就越堅信這無私的愛——為了別人而完全燒盡自己的痛苦及損失——就是我想用以走向耶穌的愛。因為祂就是用這樣的愛，先來到我這裡。藉著這個事件，我的初學導師教導了我這個真理，她自己在每日的生活中活出它來，並成了天主賞賜給我的禮物。

不過，我的初學導師不只是我的永恆禮物而已。

Sr. Gabriel喜歡畫畫。當我還是保守生時，每次散心我都喜歡坐在她的旁邊，看她畫聖堂裡的各種聖物（如聖體盒蓋等），有時Sr. Gabriel也會畫聖像、大大小小的花卉圖樣。她筆下的作品優美又高雅、溫潤又生動；而她繪畫時的表情一如她的為人：愉快、透明、開朗，把所有的愛都傾注其中。

每次看她繪畫，我就快樂得要出神。我的初學導師看我這麼感興趣，就鼓勵我試著畫畫看；就這樣，我一有時間就和她學畫畫。

一九五四年我準備要離開母院、來台灣創院前，有一天我的初學導師送我十多隻高級畫筆，和一大盒最好的顏料。我非常驚奇，因為這麼多年來，她總是用舊的畫筆和便宜的顏料作畫，從來沒有看她用過這些畫筆和顏料。

看到我躊躇不肯接受，我的初學導師認真地對我說：「我不會畫太久了，但妳會。」至於她沒說出的話——耶穌的「愛到底」，和母親般的溫暖、老師般的鼓勵——她是用難以形容的眼神傳達給我！在那剎那間，我決定把Mother Mistress Sr. Gabriel永遠地放在心裡，陪著我去台灣，還有天涯海角。

回首至今，我想說：從母院來台灣創院的修女，是八加一。

18 神師爸爸與我

在我結束聖克拉拉修院的陶成、即將展開下個階段人生時，我很願意分享我的神師——殷保祿神父。是他用盡心力把我帶到天主面前的。

第一次見到殷神父，是他陪牧神父來我家，給姐姐送聖體。那時他三十八歲，他是美國加州耶穌會在大陸傳教士的會長。那年我十九歲。

姊姊去世後，我常去牧神父的聖堂。殷神父注意到了，但我們沒有交談過，直到我在上海的基督君王堂見到殷神父，殷神父帶我到震旦文理學院見教務主任唐姆姆。從那時開始，他成了我的神師。

在南京時，因為殷神父是加州耶穌會士們的會長神父，常在南京、上海、揚州輪流短住，他看見我雖尚未領洗，卻常在聖堂待一兩個小時，所以殷神父已確定我的聖召是屬於加爾默羅隱修會，所以他非常認真也嚴格地教導和訓練我。殷神父非常注意我如何祈禱，要知道什麼使我分心。雖然那時我什麼都不懂，但後來回憶，我想殷神父注意的是，我的靈魂裡有什麼會障礙我和天主的交往。

一九四八年我住校後，只要殷神父在上海，我幾乎每兩週就要去君王堂見他，與他神修談話和辦告解。我慢慢了解，殷神父帶領我是出自他父親般的愛心。他知道我沒有父親了，又是他為我付洗；加上殷神父也看出我不懂事又極端喜愛自由、外向的個性，所以為了保護我和教我成長，神父就成了我的爸爸和我的神師，他開始注意我的一切。

接受痛苦的度量，就是接受恩寵的度量

首先殷神父最重視的是，要我誠實。好的、不好的，都不要怕，通通可以告訴他。在學校裡的功課、同學間的交往，只要使我苦惱、憂慮或不解的任何事，神父全要知道。如果我已處理，他要知道我如何處理，如果還在困惑中，殷神父就會和我討論，幫助我找到出路；但他絕不會先替我解決後再教我。

因為我的個性，殷神父也特別注意：在任何事上他都不要我佔便宜，而要接受吃虧。如果殷神父發現我正在花言巧語、掩飾事實，他會很嚴厲地教訓我。

我開始修道的最初十年，殷神父關注我如何接受痛苦。身體的、感情的、思想的、內心的、團體生活的。殷神父要我走的道路，是把痛苦視為天主親自為我安排的禮物；要我盡力接受，不要浪費時間找痛苦來到我身上的理由，而是努力明白「天主要什麼」。

當時我並不了解殷神父的用意，但是繼續和天主交往，我就明白了神父要的是加強我的信德，不被修道生活的困難打倒，幫助我接受雖不了解、但可以增加我力量的痛苦、考驗、疑惑和磨難。我想，在殷神父的神修路上，接受痛苦和考驗的度量，就是等於接受恩寵的度量。所以殷神父不要我浪費時間走在旁道上——在人或事上找理由。

大概有十多年，殷神父專心帶領我在這條路上磨練。

一九五八年，我們搬到中正路的正式隱修院，我開始獨修生活，「極端的孤獨和無助，找到安慰、被了解、能交談的對象」的渴望，如影隨形地跟著我。

這段時期，殷神父為了視察耶穌會士們的職務常來台灣；每次來一定會來看我。那時殷神父對我的指導是——不變，也沒例外——在任何環境或狀況，我都要捨棄自我。

殷神父常常提醒我「耶穌說：背起自己的十字架，不是耶穌的，而是妳的，現在的十字架，不要抱怨。」以後幾年神父常用「聖保祿說：耶穌空虛了自己，妳也要空虛自己，跟隨祂。」

殷神父從未表示他對我滿意，殷神父也知道我很辛苦，但是殷神父仍要我不斷地成長。有時我會拿這句話來安慰自己：「我想，至少神父爸爸對我該放心了吧！」殷神父完全不注意我在修院裡的職務，殷神父眼中，我想我始終是他的小女兒而已。殷神父是從這個角度看我的成長的。這是殷神父和日後翁神父指導我的最不同的一點。翁神父是神師、也是朋友；而殷神父是神師、也是父親。

一九七二年翁神父成了團體的神師，從那時起，殷神父便不再對我的神修表示明顯的指導。殷神父怕我有兩位神師，不同的意見會使我混亂。那時殷神父在菲律賓，後來被調到越南。最後他一直在泰國，所以我們的交往完全靠寫信。

在殷神父的信中，他常要知道的「是我在生活中所結的果實」，好的壞的他全要知道。殷神父的教導，越來越傾向犧牲自己、成全別人；別人先、自己最後；別人有、自己沒有。

剛開始，當然我結不出好果實。但慢慢地，我明白殷神父給我的方向，我試著走上這條道路——因為殷神父幾乎每封信都會提醒著——慢慢地，我就比較習慣走在這條路上了。

殷神父是二〇〇一年二月在泰國過世的。

殷神父寫給我的最後一封信，是在農曆的大年初一寫的。殷神父的一句「我很想妳」，讓我在接到信的當下流淚不止。在信中殷神父邀請我和他一起做在世上最大的犧牲——我們在世上的最後一次見面機會。他說，他已經有許可可以來台灣；但他覺得，如果我們能為救人靈和別人的需要而奉獻這個犧牲，我們會更悅樂耶穌。

我當然願意服從神父的意願。我迫不及待地回了信，表明我的心跡——離開母親到美國、進入加爾默羅隱修院，我都是完全聽從，他一人對天主的答覆，就代表我們兩個人對天主的回應！

殷神父很快就回了信說「我長大了」，他終於可以放心了。在這封信裡，殷神父用這句話高舉了我——他的小女兒。並且他寫道：「我知道妳比我更了解天主的心意，因為妳更慷慨。」

殷神父要離開這世界了！他用最後的這兩封信在往後的日子裡繼續鼓勵我。但為我，這兩封信是殷神父留給我「他最後的愛和謙虛」，也是他留給我「最後的愛和遺產」。

PART 3

新天新地

19 台灣會院草創時期

一九五四年，我們的修院來台灣建院。我們四個中國修女——當時，Margaret剛從菲律賓入會——加上美國的創院姆姆Mother Teresa，以及三位美國修女，我們八人組成了第一批默觀傳教團體，從美國來到傳教區建院。我們是建院基石。

我們於五月一日離開聖克拉拉修院。當我們踏出禁地時，我的心中帶著沉甸甸的感恩之情。我深深感謝自己能在聖克拉拉修院開始我的加爾默羅會生活，我在那兒見識到一個熱心團體的美麗，我在那兒享受了如此多修女的陪伴，她們接納我，將她們的愛給我。

我珍惜我的初學導師Sr. Cabriel，她以聖德餵養我的靈魂。隨著我日趨成熟，我也漸漸欣賞和感謝Mother Agnes，以她的嚴格在隱院神修及紀律方面對我的訓練。因此，我裝備著恩寵，去面對我下一階段的修道生活，那與我前五年的生活截然不同。

我們以加爾默羅禁地默觀傳教修女的身份，於六月五日抵達新竹。突然從一個完備的修院轉換到嘈雜都市、還有勉強湊合出的修院裡，真是個不愉快的經驗。

我很期待改變，也準備好去面對傳教中的困難，但日常生活中的變化，加上我隨即被賦予許多彼此衝突的責任，這一切成了我的大考驗，以至於我不知自己是否能背負起這麼沉重的擔子。但天主知道祂在做什麼，祂知道自己的計畫，因此，祂非但沒有減輕我的十字架，還給我加上新的十字架。我們的廚房修女Sr. Gemma生病了，必須返回美國，因此，我又成了廚房修女。

加上新竹教區的神長及教友們日漸認識我們，身為轉箱修女的我，責任也隨之增多，到了我沒有時間去祈禱，甚至連經堂都踏不進去的地步。持續不斷的噪音，尤其是人們日夜在我們由竹子搭建成的禁地牆外大聲說話的聲音，這一切都成了我苦惱的原因、試探的緣由。

感謝天主，我每天忙得不可開交，而我的頭腦也不斷被成千的事情占據了，導致我除了盡好責任之外，我既沒有多餘的時間，也沒有多餘的精力去做任何其他的事。要是我還有點閒暇注意自己的狀況，我一定會很認真地懷疑這是否是天主召叫我去過的默觀聖召。

日後，當我回顧自己在那個過渡修院裡經歷的三年時光，我學習到的一大課題便是：「天主的道路不是我們的道路。」祂有祂自己的計畫，以及祂實現這些計畫的方式，但那時，我既想不到也無法理解這道理。現在我確實了解到一件事，就是我當時完全沒有學習去信賴祂，因為我幾乎不懂得何謂真正的信賴。

當我們漸漸適應傳教區內隱院生活的初期狀況，我們必定有不少修各種德行的機會。對我而言，那最不可或缺的德行就是忍耐。無論內在或外在，日出或日落，我迫切需要的就是忍耐，最主要是對自己的忍耐，當然，對我接觸到的每個人也需要忍耐。有時，我發現自己如此缺乏這個德行，因此我不得不逃離戰場，躲進我的斗室，只為坐下來，深深吸一口氣，如此我方能重新去面對情況。有另一些時候，我只能坐在那兒哭泣，任由那筋疲力竭、挫折、絕望、自己的軟弱無助，以及完全失敗的感覺淹沒我。

修德行、修忍耐、修……

然而，我們小隱院的生活也不全是無盡的悲哀，其中也不乏很有趣、很令人開心的事件，還報了我們傳教的經驗：有不少鼓舞人心的友誼正在成形，我們也經歷了一些令我們永難忘懷、美麗動人的經驗。身為傳教士，我們是真真實實地生活在我們的人民當中，分享他們貧窮、落後、勞苦的生活，他們也在注意我們，並將我們視為他們自己的人。

另一方面，身為默觀者，我們強烈地感受到需要祈禱、成為耶穌親密的朋友，如此，居住在這美麗島嶼上的人民，才能成群地來到教會，並在教會內找到唯一的真天主，及他們的救恩。

為了娛樂我的修女們，或許我應在此說說，在我們這初期的傳教隱院內遇到的一些考驗及磨難。

我們可敬的Teresa院長姆姆及我們的副院長Sr. Margaret Mary兩人都是非常愛貓的人。我們在新竹的第一年，她們設法照顧一隻流浪貓，Teresa院長姆姆叫牠「短尾媽媽」(mama bob tail)，因為牠有一條非常短的尾巴。然而，牠是一隻非常漂亮的貓，個性十足。很快地，牠的後代開始增多，有一次，我們算算，除了八位修女之外，我們還得養十三隻貓，每一隻都有一個很迷人的名字！當然，我們得好好餵養牠們。要是牠們對伙食不滿意，我們可就要倒楣了。牠們知道Teresa院長姆姆的辦公室在哪裡，便會成群結隊地到那裡去，在Teresa院長姆姆門前齊心協力哀叫，而且全由可憐的廚房修女——我——買單。

一天，當我從轉箱接到德勒撒（幫我們買菜的太太）帶回來的菜，我才剛將籃子放到廚房，門鈴就響了，因此，我將籃子留在桌上、出去應鈴。當我回到廚房時，我大驚失色！所有的蔬菜都被拖出籃外，而我為午餐訂購的魚卻怎樣都找不著。有片刻時間，我感到莫名其妙，但我立刻就明白了。於是，我抓了支掃帚就往花園裡衝，小黑那竊賊果然就在那兒，正開始享用那整條魚。

見到那隻貓，真使我火冒三丈，決定不計代價討回那條魚。因此，我拚命用掃帚追趕那隻貓，牠則快速跳上近旁的樹木，嘴裡仍叼著那條魚。我拿了根長竹竿戳向牠，小黑憤怒地望著我，小心翼翼地又爬了幾根樹枝，嘴裡仍叼著那條魚。我用盡全力擊打樹枝。牠猛然一躍，伴隨著憤怒的叫聲，跳上屋頂後，就消失無蹤了。

在這過程中，魚也落到了地面上。我撿起那條已經被咬爛的可憐魚兒，很明顯，這條魚是不可能拿來煮晚餐了。當我垂頭喪氣地走回廚房時，Sr. Ada興高采烈地向我討那條魚，說她現在可以將魚剁成塊，拿去餵貓了！

現在，讓我談談修忍耐。我們廚房的煙囪常常阻塞，而我就得去清理它，那表示，黑色的煙灰會在後院到處飄揚——而我們的衣服就晾在那裡。不知怎麼，這個煙囪特別會在洗衣的日子阻塞。因此，每一次，負責洗衣房的修女都會像座即將爆發的火山，衝到我面前，以幾乎控制不住的怒氣問道：「修女，妳一定要在這個時候清理妳的煙囪嗎？」她以非常鄭重的方式，強調她所說出的每一個字。

另一次，為了款待修女們，我做了非常好吃的布丁，準備在午餐時給修女們當作節日的點心。正當我要從冷凍庫拿出冰塊來冷卻我的布丁時，門鈴響了，我只好匆匆忙忙地交代那天來廚房作我助手的修女說：「修女，把冰塊拿出來，快把四季豆炒一炒，我們午餐需要它。」幾分鐘後，我回到廚房，只見我那位無辜的修女正滿臉通紅、滿頭大汗，使盡全力地將冰塊與四季豆炒在一起，鍋子下則劈里啪啦地燒著熊熊烈火！

有時，轉箱的服務是非常累人的，因為教友們會在白天的任何時刻來按修院的門鈴，若不是為了求祈禱，就是出於純粹的好奇心或新鮮感，想與轉箱後的人說說話。結果，通過在轉箱的對話，一群男孩們竟變得非常喜愛我們的修院，他們也成了最常來到修院的人。

這群男孩大多是「杜華神父的男孩們」，因為杜華神父經常帶著他們來到修院祈禱。現在神父已在天上，看見他在這些年輕的心中播下的信仰種子，經過漫長的歲月後開出花朵，並結出了光榮天主及服務教會的豐美果實，他必定感到很欣慰。

忍辱負重的戴琦若瑟

六十多年過去了，這群高中男孩們也漸漸成長，成為一群善良、熱心的基督徒，每個人也都在各自的職業上成熟發展。他們仍繼續愛著加爾默羅會，並與我們建立了深刻又持久的友誼。他們中的幾位，至今仍是我們最忠實慷慨的恩人之一。

其中一位是聖名若瑟的戴琦，一九五四年時仍為高中生的他，在新竹建院後不久，就常來轉箱和我談話。高中畢業後他到南部深造。等再來探望我時，已是一九七八年、他年過四十、是一家建設公司的老闆，正巧正在新竹蓋大樓，每天都會經過修院的門口。有一天，他突然心血來潮走進修院，說是想要問候二十多年前相識的修女。當時，修院周圍已是果菜市場、豪華電影院和琳瑯滿目的高級餐廳。我們必須遷院的問題已經迫在眉睫了。

戴琦先生就是天主俯允我們的呼求的答案。在那兩年裡，戴琦不辭辛苦、任勞任怨地替我們找地和建設傳統式的隱修院，其中承受的誤解和考驗，都在我們的祈禱裡。

每次Mother Mary和我去工地看工程的進行，就會看到戴琦和工人在一起；除了週末回家，他幾乎所有的時間都是在工寮裡。他如此全心投入我們的建院工程，我實在感動。

一九八一年九月六日芎林修院落成，那時他四十二歲。今年（2020年）戴琦八十二歲了，他仍在新竹竹北建設樓房。這四十多年他對芎林修院的愛護，和從未斷過的各方面服務，以及總是隨時準備好在我們的任何需要上協助我們，使我深深體會到他忠實的個性。我常想戴琦是天主送給我們的禮物；而為我個人，我珍視他給我的真誠友誼和知心的交往，每次和他接觸，我總是感到極深的喜樂、安慰和感恩。

他和我談話的內容多半是他生活中，天主如何介入、影響、安排、推動和他的驚訝、感動、讚頌。我知道他生命中的考驗和痛苦，但見今天他的高貴氣質、內心的平靜和穩定，以及經常自我犧牲和付出愛心，我似乎看到他的信德和信賴天主，使他不知不覺習慣活在天主內，把一切交在天主手中，因此享有超性的樂觀和自由。我常為戴琦若瑟感謝天主，因為他是有福的。

在西門街會院時，常來轉箱和我談話的還有陳明清先生，他是非常令人欽佩的人，且是真正熱心的教友。他為了教會，在許多方面犧牲了自己。他也成了我們最忠實的朋友，並有許多年的時間給予我們幫助，尤其在我們建立深坑的會院時。

另外一位則是黃金瑜先生，他在印刷事業上很成功，每當我們印刷邀請函或藝術卡片時，他總是分文不取。我們也絕忘不了我們忠實的朋友黃智才，他在教會為殘障教友們做了多年慷慨的服務；以及余叔謀，他現在定居布魯塞爾，但每次回台灣時，總不忘來拜訪我們。還有輔大的黎建球校長，他在教育界為教會、為杜華神父的精神，做了有力的見證。

另外一位若瑟的美麗故事

在我繼續述說我的故事之前，我還想在這裡提一個我永遠不會忘記的美麗故事。那是關於一個士兵教友的故事。他來自大陸，就在我們抵達台灣的前幾年，他也跟著軍隊來到了台灣。當我們剛在新竹安定下來，正式關閉禁地之前，若瑟——他的名字——帶著他親愛的老母親瑪爾大來到修院拜訪我們。瑪爾大雖裹著小腳，卻是個最喜樂開朗的人。

若瑟可就不是這樣了。他是個含蓄又非常謙恭有禮的人。每當他見到我們的Teresa院長姆姆時，總會站起身來，慎重其事的叫她“Reverend Mother”（可敬的姆姆）。若瑟與瑪爾大都是耶穌會堂區的教友，而費濟時主教非常欽佩若瑟。他說若瑟話很少，但無論何時何地，只要有工作需要完成，我們總會發現若瑟在那裡，因為他永遠是第一個捲起袖子做事的。

在一個寒冷潮濕的日子裡，需要有人挖一個墳墓，好埋葬一個突然過世的窮人。大家都站在四周說話、討論，但沒有人動手。接著，主教注意到，若瑟安靜地脫掉外套，拿了把鏟子，開始挖掘——那就是若瑟。

一九五七年初——若是我沒記錯的話——當我們正計畫著要建立永久的會院時，我們聽到若瑟因肝癌住進了三軍總醫院。這消息令我們非常震驚，因為他看起來總是這麼健康、這麼沉著，而且總是抬頭挺胸，正如Mother Teresa常說的，他使她想起教會早期的執事們。事到如今，我們既然無法再為他做任何事，我們便為他祈禱，並寄了一對聖衣給他。

過了不久，我們收到若瑟的來信，他的字跡清晰而工整，沒有絲毫顫抖的痕跡。他在信上說，除了神父為他帶去的聖體外，他覺得我們給他的聖衣就是最珍貴的禮物。他已經戴上它，也感受到聖母的臨在。他確知聖母會帶著他到天堂去，之後他加上：「若瑟會等著與院長姆姆及修女們在天上團聚，在那之前，若瑟先與妳們每一位道別。」這是我們收到過最感人、最美麗的信件之一。

幾天後，耶穌會的神父們告訴我們若瑟過世了。我們聽說，一直到最後，他始終是勇敢而堅忍的，他忍受了肝癌帶給他的一切痛苦，沒有絲毫怨言。在三軍總醫院的外教環境裡，他是基督的真正勇兵，他為他的信仰及德行做了美麗的見證。

這是我們在傳教區經歷的第一個死亡，我們很想念若瑟，但我們並不憂傷，相反的，我們覺得他離我們好近。因為他愛我們，所以他必定在天上看顧著我們，因為我們將他視為屬於我們自己的聖人。

20 天主的奇妙作為

現在，讓我說說我的靈魂狀況。當我內外的生活都處在混亂之中，神修生活瀕臨崩潰邊緣之際，天主卻以一種最奇特的方式親近我。當我無止盡地在廚房與轉箱間的長廊上疲於奔命時，我的內在卻無來由地，專注於從前在要理課中所學過關於天主的種種真理，只不過這一次，這些真理對我不再是頭腦中的知識，而是活生生存在於我內的現實。

天主幾乎在我內烙下了這些基本有力的真理：天主是唯一的、三位一體的天主，祂的無限偉大、祂的尊威、祂永恆不變、祂的無限、祂的權能、祂是受造界至高的上主與主宰……等。在那三年中，當我的外在不斷忙於外務，我的內在卻持續地與真理、與這唯一的天主接觸。當時，我一點也不明白天主在做什麼，又為什麼這樣做，但多年後，我明白了。以下就是我所明瞭的。

我過去常想，那些自小就領洗成為基督徒的教友，與我們這些皈依的教友之間究竟有何不同？經過我與天主內在相遇的經驗後，我漸漸看到某些在我心中根深柢固的異教徒心態，我也漸漸了解為何聖經警告我們不要崇拜偶像。可以肯定的是，那值得害怕的，並非由金、銀製成的偶像，而是那些進駐在我心內、我卻無意識地將我真實的信賴寄託其上的偶像。

當我在東北時，我常陪母親到佛寺去，我注意到那兒有各種不同的佛祖，而每一尊佛祖都因所擁有的某項特別天賦而受人敬拜。人們會向他們獻香，對他們祈求。

我領洗後，當然，我已放棄了這一切偶像，但這崇拜偶像的心態卻非一朝一夕就能放棄的。我經由洗禮而完全屬於天主，但並不是因為祂是天主，也不是因為祂是怎樣的天主，而是因為我希望從祂那兒得到恩惠。我在潛意識裡，仍將我的信賴寄託在天主的權能，而非寄託在祂是唯一的真天主上。

我的意思是：我信仰的是「哪一種天主呢？」

我和天主的交往不是基於我對祂的愛情、對祂的渴望、對祂的認識，我們的關係仍舊停留在我對祂的權柄的渴求。我沒有深入「祂是什麼？」（雖然窮極一生我永遠也不可能理解），而是「我可以在祂那裡得到什麼？」

我相信，我心內這種也把祂當成偶像一樣崇拜的信賴，而不是相信祂是唯一創造的神、一切都在祂的照料之下，這是天主無法容忍的。

因此，出於祂無比的仁慈，祂用祂自己的方式來殺死（摧毀）我內在的這些偶像。我想，祂成功了，除了那目前僅存的一個偶像——我自己。這個偶像是祂留給我的戰鬥；我已經與它纏鬥多年，但這場戰爭還談不上終結。

現在，更吸引我的是「知道天主是誰？」每天探索祂獨一無二的本質、認識和了解「和我在一起的天主」，就是我喜樂的泉源。這種感覺就像是探索我的姐妹和朋友們一樣，欣賞他們的本質，也為他們的本質吸引。在這個活水泉源裡，我得到了舒暢、寬慰、飽足，和無法言喻的喜悅。

我對天主的感謝永遠嫌不足，即便我當時並不了解。祂讓我承受外在無盡的挫折、羞辱、試探、無助，是何等的大恩，由於祂的恩寵，我的內在才逐漸信服：除了天主以外，沒有人能帶我脫離這悲慘的境地；除了忍耐，並等待祂的來臨，除此之外我什麼也不能做。

當時的我對此一點也不欣賞的，相反的，我將那三年視為我修道生涯中最悲慘、最擾亂我的一段時期。後來，我才不得不承認，那是一段最必要、最珍貴的恩寵時期。那是為默觀祈禱奠定基礎所不可或缺的恩寵，也就是唯獨行走在信德的道路上，而非其他的道路；意即在此信德中堅心忍耐，而那意味著經歷純粹的理智黑暗。

被釘在十字架上的自由

在我總結我修道生活的這個章節前，我願再寫下上主當時願我學習的一項功課：服從。

當我們在新竹郊區（教區）建立永久的會院時，Teresa院長姆姆幾乎每天帶著我到工地去監工。在那兒，我們遇見了那位高尚的紳士：營造商顧先生，以及他的助手及工人們。有時，建築師余先生及他的助手方先生也在現場。由於他們從未建造過修院，更別說是建立一座有禁地的女隱修院，因此，很自然地，他們急切地想知道我們對他們目前的工作是否有任何意見，或是希望給予他們一些實際的指示。

這些人都是受過良好教育，非常有禮貌，屬於上流社會的中國人，卻沒有一人能說流利的英語。我們的Teresa院長姆姆對我們建造的修院有許多明確的想法，她希望修院無論在建築藝術或風格方面，都是純中國式的，要用貧窮卻堅固耐用的材質，以符合我們所誓發的神貧願；聖堂及所有的談話室都要建造鐵製、並帶有鐵釘的格窗；談話室內要設有或大或小的轉箱；最後，禁地門必須有兩道鎖，一切都必須完全符合嚴格禁地律的規定。

我可以看見這些紳士們的眼神中逐漸露出驚訝的神情，緊接著是懷疑，最後是憂慮。他們不知如何能執行Teresa院長姆姆的這一切指令，而且還不能超出原訂的預算。他們對Teresa院長姆姆的尊敬是無庸置疑的，他們也想滿足她的要求，但事實就是事實。因此，他們禮貌且小心翼翼地提出，聖堂是否能以較便宜的燈具，來取代那些大型的豪華吊燈？禁地的三道門可否改為兩道？鐘樓的屋頂可否選用普通的台灣瓦片，而不是高級的琉璃瓦？修院禁地的圍牆一定要準準十呎高嗎？他們必須精打細算才行。

對我們的Teresa院長姆姆來說，她是在為天主蓋一棟房子，聖堂則是祂的殿宇，對天主來說，沒有什麼是太好的。因此，沒有一樣，連一樣也不許改變！

身為翻譯的我，站在Teresa院長姆姆及那些努力工作的男士們中間，他們每天都要面對工作、薪水、困難的決定及問題。有時，他們看來既憔悴又焦慮——我可以感受到。我多麼希望Teresa院長姆姆能在某些方面讓步，或至少做點事來減輕他們的擔子，但Teresa院長姆姆總是堅持她對修院的理想及原則。

我常常想，這些外教的中國男士們不知如何看我們……不妥協、頑固、無情……好多次，我覺得自己左右為難，有時還受到猛烈的誘惑。我很了解中國人的思維模式，但另一方面，我是個修道人，那表示我是與世俗分離，奉獻給天主，追隨祂的道路的。

終於，我懂了，我做了決定。

從那天起，我真的不再在乎別人怎麼想，或怎樣判斷。我的義務就是服從，然後我將一切交託在天主手裡。我雖身在世上，卻不屬於世界。為此，我付出了昂貴的代價，好為天主成為真正自由的。我祈求天主以祂的無限仁慈，賜我恩寵，使我能保持聖保祿所說的自由：「世界於我已被釘在十字架上了；我於世界也被釘在十字架上了。」我的服從願將永遠為我保持那份自由。

一九五八年，我們搬進了新竹的永久會院。我們方才在我們的新家安頓下來，Teresa院長姆姆就下了一個決定：她覺得我已度夠了活躍的生活，該學習去度一個真正禁地默觀修女的生活了，那意味著，我必須完全與世俗分開。因此，Teresa院長姆姆指派我去烤麵餅。也就是說，我所有的操作時間都是面對著麵餅機。我獨自一人待在麵餅室裡，沒有人打擾我，我也不打擾任何人。

在那段時間裡，或許那最令我痛苦的事，就是即便我寫信給朋友——尤其是寫給我在聖克拉拉的初學導師 Sr.Gabriel時，我也從沒有得到任何回音。我感到非常困惑。既然沒收到任何回應，漸漸地，我也就不再寫信了。

服從，靜默，忍耐

多年後，當我成為院長，又重新提筆寫信時，我領悟到，或許我的那些信根本就沒有被寄出。但我慢慢思考後，又覺得當時的這種處置方式，不像是Teresa院長姆姆平常對待我的方式。Teresa院長姆姆很愛我，也始終信任我。此外，我的初學導師與Teresa院長姆姆是好朋友，我在聖克拉拉修院時，就知道她們彼此相愛，也很欽佩對方，所以，Teresa院長姆姆不可能故意切斷我與初學導師之間的聯繫，更不用說，她清楚知道我那段時期中的靈修成長是很曲折的，我很確定她會是第一個將所有可能的幫助提供給我的人。所以，究竟為什麼？

除了「這是天主的作為」外，我找不到任何理由。祂知道我的狀況，祂知道祂對我的期望，而且祂知道，除了祂選擇的方式，沒有其他方式可以使我與祂合作。

讓我再回頭述說我當時的狀況：我在過渡修院中所交往的那些為數不少的朋友們，從未到我們的新家探望我，因此，我進入了完全的獨居，完全離開世俗，甚至連那些親密的交往也被切斷了。我想念這些交往嗎？當然想，我尤其想念完全了解我的初學導師，而且，就我當時的靈修狀況來說，我是最需要她的。

我在靈性上感到如此孤寂、如此飢渴，我覺得自己簡直要因為缺乏陪伴與安慰而餓死了。再一次的，上主知道，也是祂安排了這最必須的淨化。我在麵餅室的這兩年，環境本身就逼著我去學習，一點一滴地去品嚐困難的退隱及外在獨居；我必須剝除掉許多我自己沒注意到的貪戀。

剛開始時，我不只是心不甘情不願的放棄它們，而是徹頭徹尾地反抗這些阻止我與我所愛的朋友——尤其是與我的初學導師——交往的障礙。我看不到與初學導師通信有什麼錯？錯在哪裡？但除了服從，和在靜默中忍耐之外，我什麼也不能做。

日子一天天過去了，我在一成不變的日常生活及痛苦中，漸漸學習轉向內在，在那兒，我開始發現自己的內在世界。一旦我發現它的存在，我感受到我在許多方面都需要內在的靜默，如此我方能觀察並探索這唯獨屬於我的世界。

看到我內在的視野如何變得清晰起來，真是件有趣的事；我能夠明白我內在反應的秩序——當我處在靜默平安的狀態下時。然而，一旦我在任何一方面感到混亂，或是急切地想得到某些事務時，我就無法再觀察我內在的世界了，因為一切都變得模糊不清。

耶穌與我為友

當我在麵餅室的職務接近尾聲時，由於長期處在一成不變的靜默生活中，我內在世界清晰的狀態也多過了模糊的狀態，而我對陪伴的渴望變得如此強烈，幾乎可說變得有些折磨人了；但我知道，這渴望不再是朝向我的初學導師，或是我的朋友們，它現在轉向耶穌了。然而，我卻不知如何與祂建立關係，因為我對祂的認識大多是來自書本、講道，來自我理智的運作。那時，我尚未有過與祂個人的親密經驗，而這親密經驗必須經過難以忍受的孤寂與空虛的痛苦，祂才能填滿這空虛。這個進展是非常輕柔，必須先經過忍耐的靜默及平安，以至於幾乎令人察覺不出。

在日常生活中，當我順服於這些空虛與寂寞時，我就會找到耶穌。祂始終在那兒，但就像陌生人一樣，我認不出祂來。祂必須一點一滴地教導我如何在日常生活的大小事件中發現祂，因為祂真的臨在，但必須由我去認出這臨在，並以親身經驗去認識祂。

這種經驗變得越來越頻繁，而祂也藉著這些經驗讓我明白祂想要什麼，喜歡什麼，對什麼感到高興，又對什麼感到不悅。

一九六二年的夏季，Teresa院長姆姆任命我為初學導師。我必須說，我從未想過自己會擔任這個職務，因此，我對此絲毫沒有任何準備。當時我正與自己的神修生活痛苦地搏鬥著，而且我既無知又不成熟，我連自己的道路都看不清楚，怎麼可能去引導別人呢！何況，我根本不知道一個初學導師的職責是什麼。

但服從就是服從，於是我便搬去與初學生們同住了。在我擔任那職務的四年中，我有三位初學生，其中兩位一路堅持到底且成為優秀的加爾默羅會修女，這兩位修女中的其中一位，甚至於二〇〇三年當選為院長。第三位初學生在誓發隆重願之前離開了。我已記不得自己究竟教了她們些什麼，又是如何教導這些初學生的，但我是如此的不稱職，我們必定只是一塊兒成長罷了：她們先初學，然後發了初願，我則經由各樣的經驗，逐漸成為成熟的加爾默羅會士。

魔鬼的誘惑與攻擊？

我永遠記得這段時期裡，發生在我身上的兩個事件。

第一個事件發生在我三十六歲那年，當時的我情緒非常脆弱不穩定。我可以為了微不足道的小事，毫無來由地就低沉起來，我必須用意志力才能從這些情緒的低谷中爬出來。但大多數時候，我感到很無助，只能忍耐，直到低沉的情緒自行消散。這種狀況不但令我自己苦不堪言，也影響到那些注意到我狀況的人。

同樣的狀況又在某天重演了。一位保守生即將入會，既然我是管理會衣的，Teresa院長姆姆要我拿一件合適新入會者的小斗篷給她看。我拿了好幾件讓她挑選，但為了某個理由，Teresa院長姆姆覺得它們全都不合適，並且開始對我的不稱職表示不悅。這就足以將我投入沮喪的深淵。當散心時間來到時，我感到如此灰心喪氣，我幾乎無法抬起頭來，或是參與修女們的談話了。

Teresa院長姆姆很快就注意到我的狀況，於是以每個人都能聽到的音量大聲說道：「Sister Paula，回妳的斗室去。」我唯一能做的便是拎起我的工作籃，直往Teresa院長姆姆走去，親她的聖衣，然後離開。我每踏出一步，就感到羞辱正爬上我的背脊，因為大家都安靜地看著我。一回到斗室，我便坐在地上，打算痛哭一場，但卻一滴眼淚也流不出來，我反倒覺得大大鬆了一口氣。

是的，這就是我那可憐的自我，讓大家都看見了。那又怎樣！既然我沒有力氣爬出來，我就好好地待在這兒，我也能享受我在其中所經歷的每一分鐘。這窘境突然令我感到好笑，於是我笑了出來。奇怪的是，低沉就這樣離我遠去，有幾個月的時間，它都沒有再回來。然而，這幾個月的喘息時間——或說這虛假的安全——使我對幾個月後，對我最猛烈攻擊的誘惑，絲毫沒有任何防備。事情發生過後，當我反省整件事，它令我禁不住懷疑那攻擊是否來自魔鬼。

我接下來要敘述的這段經歷，給我留下如此深刻的印象，到今天，我仍記得事件發生的日期與時間。那天是五月二十六日，約傍晚五點。

從那天清晨開始，我就覺得身體不太舒服，我感到陣陣的頭暈加上嘔吐，這是我的老毛病。因此，Teresa院長姆姆叫我上床休息。既然我連站都站不穩了，我也就沒有下樓去用午餐。我感到很煩亂，無法睡覺，頭也隱隱作痛。下午四點過後，我想，這樣一直躺在床上也沒什麼用，只是增加我的折磨而已，於是我決定與自己的暈眩及噁心感奮戰。我穿上衣服，接著走進了初學生上課的小經堂，就在那時，沮喪感如排山倒海般地向我襲來。我不只感到無助，還覺得自己完全沒有價值，這世上不再會有任何事務可以吸引我，因為這世上沒有任何事務是真正有價值的。

我在自己的修道生活中找不到任何意義！

既然當下找不到任何鼓勵我的動機，因此我像鬼魂一般在空蕩蕩的初學院裡遊走。我的頭腦一片空白，我的心亦然。我的內在沒有一絲的生命火花，一切都完了，我瞬間被推下了悲慘及絕望的深淵。

我對這接下來的襲擊，完全沒有任何準備：當我在小經堂裡遊走時，我望著敞開的窗戶，窗戶下方就是用石頭鋪成的地面。我們的初學院在二樓。然後一個不知名的聲音在我內低語著：「快跳下去，這一切痛苦就會結束了，跳下去！」當我伸出手去抓住窗戶的邊緣時，我聽到修女們隱約的歌聲從樓下的會議室傳來，她們正在做五月的聖母敬禮，傳來的歌聲是我熟悉的聖母頌。

突然間，我就像一個從惡夢中驚醒的人，我的頭腦清晰了起來，瞬時我看清整個情況，我逃出小經堂。那是我最後一次體驗到沮喪，它之後再也沒有回來過。

當我逃離初學院的小經堂後，我感受到內在是完全地黑暗，但天主在那完全的黑暗中，等待著我。非常緩慢的，我開始模糊地辨識出——不是用我的雙眼，或許是以我的理解——在那黑暗中有一扇門，那扇門開向一道光。

剛開始時，我無法看見這一切的意義，因此我耐心地等待著，然而，我的好奇心與渴望卻與日俱增。不久之後，我在內心看見並明瞭到，那扇門就是耶穌，而那道光就是祂的奧蹟。然後，我急切無比地想用我的理解力去抓住祂奧蹟的樣貌和本質，因為「抓住祂的奧蹟」對我的心靈施展了如此強大的吸引力，以至於我深陷其中。

然而，很快地，我便發現理解力對我沒有多大用處，因為天主是要我看見我的無能。我是不可能抓住任何東西的，因為耶穌要我藉著等待來學習忍耐，而且祂要我等多久，我就得等多久。

同時，祂向我顯示謙遜，來克制我急切的渴望及強求的個性，要我學習等待祂的顯示，祂選擇以祂自己獨一無二的方式來教導、對待我，完全不是依照我能想到的方式。

而今，那道光啟示給我的奧蹟，原來就是聖經裡的耶穌，和祂說過、做過的一切；這一切如今是如此真實，已非來自心智的想像。沉浸在這個奧蹟中的幸福與喜樂、交往和關係，讓我一瞥了耶穌基督在聖三裡的奧秘。

21 初為院長

一九六六年八月，我當選為院長。

我被選為院長，並不是因為我很適合這項職務，純粹是因為可敬的Teresa院長姆姆要退休了。經過十二年的院長任職，她的健康每況愈下，而醫生建議她休息一段時間。再一次的，我在完全沒有準備的情況下，不得不接下這個擔子，因為Teresa院長姆姆堅持這麼做，而我們的團體又太謙卑了，於是這就成了天主對我的旨意。

外表看來，似乎一切都沒有改變，我四周的修女們都給予我同樣有益的合作及姊妹們的關心，但我的內心卻感到孤獨。我不明白為什麼，也不知那到底是什麼，但似乎有某樣東西將我與大家分開了。在此之前，我始終覺得自己是團體中的一員，是與團體合而為一的；我們彼此間很親近，也相互依靠。

現在，我與團體仍是合一的，而且結合得非常緊密，但不知為何，情況不再相同了。無論我多麼享受與姊妹們的相處時光，我始終感受到自己是孤獨的，好似我一直是被隔開的，無法卸下重擔，也無法與任何人分享這擔子。當選幾天後，我有一個問題要去面對，但我卻不知如何處理，因此，我很自動地跑去找Mother Teresa，向她尋求解決之道，正如我之前習慣的。

但當Mother Teresa注視著我，鄭重地對我說「孩子，我沒有光照，妳有」時，我是多麼詫異啊！從那時起，Mother Teresa讓我靠自己的雙腳站立，並以她獨特的方式教導我「唯獨信賴耶穌」。

我總是有一大堆的東西要學習，而且我得靠自己去學，藉著聆聽、觀察，以及將一切默存心中。剛開始時，我覺得自己知道得很少，因此我不敢判斷任何事。在我將事情看得較清楚前，我只能等待。修女們對我很有耐心。打從我開始這職務的第一天起，我就很確定一件事：我無法成為另一個Mother Teresa。她是我們的創院姆姆，從我們創院之初，她就全憑著堅忍不拔的信德力量，及她堅強的性格來領導、指引我們的團體。

當修女們試圖將我當作Mother Teresa的繼承人時，我所能想到的，就是那群被派出去偵查預許之地的以色列人們，覺得自己和那些巨人相較之下：「我們看自己好像是蚱蜢。」我肯定無法以Mother Teresa的方式面對團體，而我也沒試著這樣做，因為我既沒勇氣也沒有自信，但我卻對我的修女們滿懷信心，因為她們遠比我更了解她們的職務與工作。對我自己，我可是一點信心也沒有，而且，最重要的是，我對我自己的院長職務更是沒有什麼信心。

既然大家都期望我做點什麼，我便戰戰兢兢地踏出我的第一步；經過許多的思考及祈禱後，我做出第一次的任命。對某些修女，我要她們繼續原本的職務，對另一些，我則將新工作託付給她們。我鼓勵每一位負責的修女盡全力改善她們的職務，熱誠地服務團體。我告訴她們，我相信她們，且向她們保證我會支持她們。

痛苦的一課

當我完成這第一步後，我對自己感到相當滿意，「相當安全」我心想。至少，目前為止，這座修院會在良好的組織及修女們的專業服務之下，得到妥善的照顧。以我的想法，既然我幾乎不懂得規畫廚房、更衣所及縫衣室……等，最明智的做法就是將它們完全交到修女們的手裡，不要打擾或要求她們，而且千千萬萬不能改正她們，然後，我們這修院就能享有很好的組織、服務及平安了。

沒過多久，我就學到了我痛苦的第一課。我錯得多麼離譜啊！

我早該知道「天主的道路不是我們的道路」。不久以後，或許只過了幾個月，完全出乎我意料的結果開始出現了。爭論開始，起初還挺友善的，隨後逐漸加劇，最後竟演變成衝突！廚房認為轉箱修女做得不對：她們訂的魚是到了，但不是她們要的那種，還有，蔬菜沒有在晚餐前準時送達，等等。縫衣室給洗衣服的修女造成困擾：沒有時間在中午前晾衣服；漂白的工作應由洗衣房來照顧，而非縫衣室……等等。

所有的問題都等著我去解決！當然，我完全不適合處理這些陌生的問題；因此，我每次都盡可能地假裝我還有更重要的事要去做，藉故逃跑。修女們應該要明白，是她們要自己去照顧、處理她們彼此間的問題才是啊！而不是把我扯進這些狀況裡。

我不情願跳進去處理這些問題——其實是我害怕承擔責任——的結果，便是團體中產生了分裂與騷亂，因為每一個負責職務的修女，都認真地把我最初的鼓勵及信任放在心上，熱誠地改善自己的工作，而將自己變成了工作領域裡擁有主權的皇后，繼而對其他的職務室發動攻擊，因為她覺得自己的職權受到侵犯了。很快地，情況已明顯到連我都看出來了，事到如今，我不可能再逃了。我必須面對修女間普遍的不滿情緒，她們需要長上的權力來將她們帶回合一與平安之中，然而，我還不知道自己該做什麼，或能做什麼。

就在此時，我學習熱切地祈禱，因為我幾乎不得不在祈禱中找尋我的避難所，除此之外，我已經沒有其他出路了。我必須面對我的團體，但在此之前，我必須先面對我自己的恐懼及全然的缺乏信心。既然我無人可向之求助，我只好轉向那唯獨留給我的那位——耶穌。我就是在這時刻、以此方式找到祂，並增加了我個人對祂的認識。也就是在那時候，祂開始與我分享祂的奧蹟。很自然的，由於我痛苦的情況，我特別受到祂痛苦奧蹟的吸引。是聖保祿的話語引導我去發現這奧蹟並受其吸引的。

常常，當恐懼在我內加劇時，我會對自己重複說：「祂空虛了自己」。我感受到祂所經歷到的恐懼、憂苦及劇烈痛苦，因為祂空虛了祂的神性，並將我們人性的極度軟弱加在自己身上。我經驗到耶穌以何等的親密為我空虛了自己，如此，我才能充滿祂的生命與恩寵，或是以祂的生命充滿我的生命與恩寵。漸漸的，我開始感受到自己真的沒什麼好怕的，因為祂已先我一步，忍受了我的恐懼、我的軟弱、我的極度無助。我這種靈修生活的狀態持續了相當長的一段時間，甚至長達好幾年的時間，但我仍舊無法掌握團體的狀況，無法給予團體需要的命令。

在這一點上，耶穌憐憫了我的無能，並藉一個我無法逃脫的機會，給予我救援。

當時，我們有一位修女已在醫院住了很長一段時間，因為她患有嚴重的疾病。相當意外地，醫院當局決定撤除對她的照顧，因此，她的醫生通知我帶她回修院。對我來說，這真是一場災難：為了在修院照顧這位修女，我需要幾位修女來負責她的一切生活細節。我必須動員整個團體來幫助她重新調整自己，因為修院生活對現在的她來說，是個全新的環境。這意味著，我必須向我的修女們提出接受這擔子的挑戰。

既然我在面對此事上感到既害怕又顫驚不安，我只有依靠祈禱的力量。我祈求天主聖神引導我，讓我以適當的話語將所需的話說出來。那天晚上，當我在會議中面對修女們時，我知道自己跳進了黑暗之中，不知將會發生什麼事。除了聖神以外，我沒有別的依靠，而祂沒有讓我失望，因為祂的行動，使修女們都團結起來，一心一意渴望去愛。因為她們全都異口同聲地說：「將我們的姊妹帶回家來。」

我在院長的職位上待了六年。這六年很漫長，因為我學得很緩慢，而我的日常生活中又有許許多多的考驗及磨難。我還是得常常與我的恐懼搏鬥——一些對麻煩、衝突、拒絕、失敗……等的具體恐懼。藉著每日的祈禱，我才逐漸地習慣信賴天主，並將這些考驗與恐懼交託給天主聖神。我知道祂與我同在，儘管是以隱藏的方式。

慢慢地，我學習在我的日常生活中去認出祂恩賜的臨在，而這使我了解到，實際上，並不是我，而是祂藉著自己的恩賜在行動。在此一階段的初期，我最強烈經驗到的是祂賜予的剛毅之恩。每當我因為一些困難得去面對團體，或是需要面對一位有麻煩或抱怨的修女時，我的恐懼與不安全感便消失了，相反的，我不但有信心解決問題，甚至敢挑戰修女們，向她們提出要求，依照我所獲得的資訊，提出改善的建議或糾正。

但當我獨自一人時，有時，恐懼會再回來。隨著歲月的流逝，我已經如此習慣於看到自己的無能，沒有能力去處理任何棘手的狀況，以至於我始終期待聖神會在我所需要的任何時刻前來，並向我顯示祂的道路。

或許我就是這樣學習去看天主的道路與我們的不同，因此，祂才以如此不同的方式行動。但對我最重要的是，我看見天主的看法和我們多麼不同，所以祂愛的方式也與我們有天壤之別。

22

我們的神師：翁德昭神父

一九七〇年，我們的會母聖德蘭被宣封為教會聖師，我們為這個鼓舞人的好消息規劃了隆重的慶祝儀式。我邀請了高雄道明會會長孔德祿神父、台北方濟會會長劉緒堂神父，以及關西的耶穌會士翁德昭（Rosaire Gagnon）神父主持慶典，翁神父在大禮彌撒中講道。他的道理讓人如此深刻印象，許多人都想在彌撒後見見他。然而，彌撒結束後四處都找不著他，後來有人說，翁神父在彌撒結束就立即騎著摩托車離開了。待我們日漸認識他以後，我們便知道，那是他一貫的作風，源自他自我隱沒的個性。

那次的慶祝開啟了我們與翁神父之間一段長久而結實纍纍的友誼。

一九七二年一月，我們請到翁神父帶領我們年退省，在那次的避靜中，他對默觀生活及靈修、禁地團體、修院生活規矩、姊妹間的愛德，展現出深度的理解，贏得了每位修女的尊敬與信任。為了團體的益處，我決定培養這段友誼，我邀請翁神父擔任我們修院的神師，修女們與神師之間的友誼，就這樣發展了整整二十二年之久，直到翁神父於一九九四年猝然離世才告終結。

聖依納爵＋聖女大德蘭

翁神父與殷神父非常不同：殷神父個性果斷、富有魅力，而且把我當作女兒一般看待。翁神父則是非常謙和、極具忍耐恩賜的人，此外，他的洞察細膩而敏銳。

剛開始時，他擔任我們的四季告解神師，見他的指導使修女們獲益良多，我們便邀請他每三個月到修院來小住兩三天，這樣，他便能為我們上課，並給予我們個別的神修指導。

他始終引領我走向內在的靜默及死於自我。他很快就意識到我衝動、易受影響的個性，於是，他小心翼翼地引導我邁向沉穩及堅定。他以加拿大人與生俱來的強大吸引力，非常和藹地引導我、同時也挑戰我，要我將依納爵式的克修教導融入我的日常生活及操練中。

然而，我當時如此醉心於我們聖會母大德蘭的加爾默羅靈修，因此，我以狹隘的思想和態度，對他含蓄的鼓勵，表現得興致缺缺。我那厚顏的無知必定非常考驗他的耐心，但他從未顯出絲毫的不耐，當我拿出膚淺的論點來反駁他時，他頂多表現出有趣的神情。

幸虧他是位經驗老道的神修指導者，而且從沒有放棄我。他耐心地陪伴我，向我證明，若是不採用依納爵式有系統的克修，我的日常生活或修德將結不出豐碩的果實，而這也一定會連帶影響我在祈禱上的成長。

當然，我必須承認，當我們的會母說：「祈禱與舒適的生活是互不相容的」，她明白指出祈禱必須與克己的生活一起進行；會母的「努力工作」，意思是「努力修德行」，也就是要努力修行捨棄自我的德行。所以會母要求我們的，和翁神父教導我的依納爵式的克修，其實是同一方式的神修。

然而，我還是抗拒。我想，我那時並沒有意識到自己對「依納爵」懷有偏見，因為在我心裡，只有「德蘭」才值得我効忠。

見此情形，翁神父以令我驚奇的堅持，詳盡地向我解釋，他並沒有向我要求新的東西，因為身為修道人，我們全都有義務一天做兩次的意識省察。

但有一件事對我是新的——只是我剛開始時並沒有意識到——即是，神父用依納爵的神操方法，其實是在引導我向他報告我的所有缺失！而這開啟了我生命中一段漫長的克修過程。

在翁神父的指導下，聖依納爵與聖女大德蘭之間的界線變得模糊了，因為翁神父要求的克修越來越轉向自我靜默、效法耶穌，以及與耶穌的親密交往。

在這一點上，我與神父還有過另一次戰鬥，而且持續了相當長的一段時間：他以他特有的溫和與堅定，堅持要我閱讀、默想福音。我表示我做不到，因為我的頭腦就像匹野馬，從不停止奔跑，有時甚至還會狂奔起來呢！

神父先是耐心地聆聽我，然後向我提出閱讀及默想的方法。但每當我提出反對的理由，堅持他的方法對我行不通時，我真是讚歎他的耐心與堅持，因為他總沒有被我的困難打倒，也從沒放棄努力。他知道他的目的是要我認識真實的耶穌，而除了透過天主聖言來認識這位真實的耶穌外，別無他法，他已決心帶我走上這條正路，且要我堅持走下去。

一段時間後，他明瞭到我並非透過理智或理解來祈禱，而是用心和愛來祈禱，於是他不再堅持要我閱讀聖經，而是轉而問我如何愛耶穌、為什麼愛。

神父以此方式去引導我發掘耶穌的心思意念，去近距離地觀察耶穌喜愛什麼，痛恨什麼，祂又是如何與祂的父、與祂周遭的人建立關係的。

就這樣，透過探索、了解及默想，翁神父使我愛上耶穌在各個奧蹟中所展現出的人性，而這使我強烈地渴望在日常生活中追隨並效法耶穌。

多年後，當我意識到這件事時——那大約是他成為我們神師十年後的事——他的精明讓我折服了：在我沒有意識到的情況下，他引領我走會母的道路，也就是強調上主至聖人性在我們祈禱路上的重要性。然而，會母並沒有堅持默想——理智與想像的功夫——而是建議我們「注視耶穌」。

隨著歲月的流逝，我與翁神父之間的友誼也日漸成長。由於他越來越明顯地影響我的生活，我也變得越來越仰賴他那始終充滿睿智與謹慎的祈禱。然而，我最佩服的還是他的愛德，無論我將什麼問題帶到他面前，他從不讓我用負面的眼光去看事情，而是要我轉向天主，看天主如何看這件事——以此為出發點，他便能輕易地向我顯示天主願意我如何解決問題。

他常說天主的心很大、很慷慨，每個人在祂心中都有一個位置，沒有人是被排除在外的。他也告訴我，如果想找出最有德行的人，就去找那個最刻苦的人就對了。當我問他，如何擁有良好的判斷力時，他說：「學習讓自我靜默。」

哪一種的「自我靜默」能幫助判斷力呢？答案在於「不要看我有什麼能力」。空虛自我的「我有」——如我的學問、知識、經驗，以及專家的建議等等——承認自己貧窮一無所有而轉向住在自己內的聖神，依賴祂、信任祂，從天主的角度看什麼是天主要賜給我們的恩寵、禮物。這是最好的面對或解決問題的方式。

拔除貪戀之牙

在神父服務我們團體的最後幾年裡，他將他的才華恩寵完全毫無保留地給了我們，他對我們表現出的靈性慷慨，令人難以忘懷。翁神父的內在有如金礦，讓我可以不斷挖掘，我以喜樂的自由及感恩，從他那兒領受每一份禮物。也因此，我與翁神父之間的許多多神修交談，也變得更活躍和更親密。當然，這帶給我真正的安慰與許多快樂。

大概是在與神父交往後五、六年，我就注意到自己貪戀起神父來了，但我自我辯解說，我們的會母也很貪戀古嵐清神父，而且她還是個聖人呢！況且，我也從那些神修談話中獲得許多真正的恩寵，因此，我對此保持緘默，什麼也沒對翁神父說。

但我早該明瞭，翁神父早就意識到我對他的貪戀了，只是他隻字未提。事實上，他甚至從沒對我提過「貪戀」這個字，然而，他採取了具體的行動告訴我……

每到神修談話或定期神修指導的時間，只要我開始興致勃勃地談論起某件事，或是表現出非常愉快的模樣時，翁神父就會安靜下來，表情也變得莊重又嚴肅。若是我出於無知，膽敢表現出一絲自滿，那情況就更糟了，因為翁神父的臉上表情就會變得很冷酷，令人望而生畏，好似我犯了什麼不可原諒的錯一樣！

剛開始時，翁神父這突如其來的態度轉變令我大惑不解，因為這種表現一點也不像他平時的個性，但我不得不告訴自己，翁神父一直這樣做，其實是有用意的。經過幾個月的省思，我不得不承認，翁神父決心斬斷我內在的自滿，並將我對他的貪戀連根拔除。

就在這段期間，我必須動幾個拔牙的手術，所以我在寫給翁神父的信中提到了這件事。令我大感意外的是，翁神父立刻回信，而且信中表現出對我的深切同情，好似我動了什麼重大的手術，或是經歷了某種至極痛苦的治療。

當他又如期來到修院、指導我們神修時，我決定熱情地謝謝他那封充滿憐憫的信，然後我說：「神父，老實告訴你，拔牙並沒有讓我受太大的苦，那真的比不上你給我拔出所有貪戀之牙所受的痛苦。」他想必沒有料到我會出這一招，由於事出突然，令他措手不及，他只好哈哈大笑了起來。

後來，我對翁神父的敬愛不知不覺超越了貪戀。我因院長的職務常需要翁神父的教導和意見——翁神父是我的神師，他也真是我的師父。為了團體的益處，我慢慢懂得走出自己的需要，而專心學習如何服務姊妹們和團體。在這方面的領悟和實踐，翁神父更是認真地教導我。

擁抱靈魂的注視

一九九四年的逾越三日慶典，翁神父與我們一同度過。當他要離開時，一如往常，我們都感受到那股深刻的平安與喜樂——每當他要離開我們時，總是為我們留下這份禮物。

翁神父還給我一個特別的禮物。每當翁神父要離開修院時，身為院長的我會到會客室向他道別。翁神父在他步出會客室、將門關在他身後之前，他會回頭再望我一眼。那一眼好似告訴我：他了解我的內心深處、了解我的靈魂狀態，他信任我、要我自由。而這個「很被了解」、「很被鼓勵」且無法言語的感動，也會對我提出挑戰、對我提出要求。

那是一個安靜、充滿愛的眼神，彷彿擁抱了我的靈魂！

天主也在這個注視裡。

天主對我的愛，通過翁神父的眼神，一同傾注其中。每一次碰到這愛，我心好似著火，失去一切怕懼，只渴望付出一切代價，在神修路上成長。

一九九四年的逾越三日慶典後，翁神父離開時的這一眼溫暖依舊，但也顯露出一絲的疲憊。幾天後，費主教來電通知我們，翁神父因心臟病突發過世，我們都非常震驚！我們花了好長一段時間才真正意識到：翁神父不會再回來看我們了！

奇怪的是，我從未因翁神父的離世感到悲傷，相反的，我確信他在天上會繼續他對我未完的神修指導。

23 一堂真正的愛德課

Mother Teresa（我們口中的老姆姆）退休幾年後，開始慢慢地脫離團體生活；先是不來散心，接著也不在餐廳用餐了，最後，她甚至在樓上的小經堂裡望彌撒，那表示她已完全脫離團體了。

當然，事出必有因：年輕的中國女孩一個接一個入會，我們團體的共通語言原是英文，不知不覺中，修女們開始私下說起中文來，之後，連在散心時也悄悄用中文說話了。當時入會的大部分女孩都是在台灣受教育的，無法用英文交談，我們也不得不將團體的共通語言改為中文。

語言的轉變也連帶改變了我們日常生活中的許多事，自然而然地，中國人的文化模式也慢慢滲透進來了。

那時，老姆姆已年近八十，要她重新適應這狀況是完全不可能的。起初，她還忙著寫信回信，因為她有許多美國的朋友，與國外的加爾默羅會院也有交往，但逐漸地，她的眼力及身體狀況都讓她感到力不從心，因此，她一天中有許多時間都感到很寂寞，需要人陪伴她。

過去，當老姆姆擔任院長時，身為她的翻譯的我，自然陪著她到處跑，所以她很習慣有我陪伴在她身旁。如今，當她感到寂寞時，也就自然而然地找我陪伴她。

我應該要了解老姆姆的需要，但我缺乏經驗又不成熟，這狀況竟成了我的一大考驗，唯有天主的仁慈能用祂美妙的方式將我從中解救出來。而藉著解救我，祂也給我上了一堂美麗、必要、又難忘的課程。

這整個過程發生在一九七〇年末，在我任院長期間。那時，我認為出席修女的團體活動是我的責任，所以，每當老姆姆試圖留住我，使我無法與團體在一起時，我就會渾身不自在，覺得有些懊惱。

顯而易見的，老姆姆需要我陪她，所以當我與老姆姆在一起時，若有一位修女為了某個需要來找我，老姆姆就會發脾氣。這情況令我十分為難，尤其當Mother Mary繼任我為院長後更是如此……。

當我們開始計畫在芎林建立新會院時，為了與我們的建築師，及興建我們修院的戴琦先生合作，我必須與Mother Mary一起討論、決定許多事情。但每當Mother Mary來找我，而我正與老姆姆在一起時，老姆姆就會氣得叫Mother Mary走開。

每當這情形發生時，我就會很沮喪，再也沒有興致與老姆姆談話了。當然，我不該這麼做，因為老姆姆要我陪她，也是因為她想知道團體中所發生的事及修女們的狀況，老姆姆是非常愛我們的；儘管她不能和我們在一起，還是非常關心團體中的事情。然而，我內心的分裂——我不知該和團體，還是該與老姆姆在一起——使我無法解決問題。我感到越來越挫折，而這挫折感竟在我內累積成一股怨氣。

當然，我當時無法立即分辨出天主在這件事上對我的旨意（這證明我多麼以自我為中心），我是如此熱中於自己認為是對的事情，以致看不見老姆姆的需要，看不見她的受苦。我應該要看到老姆姆的身體日漸衰弱，看到她已接近生命的盡頭，以她這種虛弱狀況，會依賴我也是很自然的——這麼多年來，我始終陪在老姆姆身邊，和她一同建立這個新團體，在當時，能幫忙的修女並不多，老姆姆已經很習慣我的服務了。

現在，她在各方面都感到非常無助，我應該比任何人都更能體會她對我的需要才是，因為有我在她身旁，她才會感到舒服與安全。然而，我的人雖和她在一起，內心卻老大不情願，總是掛念著自己沒能和團體在一塊兒。

其實，團體有副院長在主持，我應該可以放心的，修女們並不像老姆姆那樣需要我，也不會想念我的臨在。但我認為自己很重要，我覺得自己的臨在是不可或缺的。

天主看到了我的掙扎，知道我無法擺脫這靈性的軟弱——對自我的盲目。祂給我提供了一個絕佳的解藥，而那實在是一份珍貴的禮物……。

對受苦之人的愛德課

一九八二年（前一年的四月，我們搬到苳林），Mother Mary 繼任我為院長。當時老姆姆時常住院，每當她回到家時，總是很需要人的照顧。老姆姆始終期盼我去幫助她，但我不擅於照顧在身體方面有特殊需要的老人。我確信自己的不敏感使老姆姆受了許多苦，但她太愛我了，所以都沒有抱怨。

我也在受苦，我看到自己顯然毫無用處，在老姆姆無助的時刻，我卻沒能力紓解她的痛苦。就在此時，Mother Mary 出現了。

我無法不欽佩她照顧病苦之人——尤其是老人——的美妙恩賜。她就是知道老姆姆的感受，也懂得那些老姆姆沒說出口的需要及渴望。

老姆姆過世前一年半開始臥床，Mother Mary承擔起照顧老姆姆的全部工作，她對老姆姆表現出的溫柔及體貼令我大感驚異——特別是當我回想起每次她打斷我與老姆姆的談話時，老姆姆是怎樣對待她的。

Mother Mary全然無私地服侍老姆姆，甚至為了讓老姆姆舒服些而整夜陪伴她。每當Mother Mary無法獨自照顧老姆姆時，總會找我去幫忙她，也就是在那時，我才注意到老姆姆臉上的滿足神情——與我當初想甩開她時、老姆姆所流露出的痛苦神情是那麼地不同。

我為老姆姆感到高興，因為在她無助、寂寞的處境中，她終於獲得了滿足、輕鬆與平靜。然而，我對自己感到羞愧又痛悔。但我上了非常美麗的一課——對我最寶貴的一課——我相信這一課能讓我終身受用。

這一課就是愛德：特別是對無助受苦之人的愛德，這愛德超越一切重要的職務，而且能幫助人超越自我、賦予人光明，去作出正確的決定。

老姆姆於一九八四年七月二十九日清晨六點前離世，當我協助Mother Mary為老姆姆換上會衣時，我與老姆姆在台灣共度的三十年時光，一幕幕地回到我眼前。抵達台灣後，無論道路上有多少艱難險阻，老姆姆總沒有讓任何事削減她身為加爾默羅禁地傳教修女的喜樂與滿足。老姆姆是我們英勇的創會姆姆，是我們永遠引以為傲。她是會母的真正女兒，真正符合了我們會母大德蘭的心意。

「我沒有離開，我和妳在一起。」

回憶來台創院之時，正是政治不定與黑暗的時期，老姆姆身邊充斥的盡是些令人洩氣的建議與評論。但她憑著堅毅不屈的信德，克服了一切能消滅她傳教精神的阻礙，她也以同樣的信德帶領我們這小羊群。

我們八人就這樣滿懷熱誠地抵達台灣，沒有半點對安全的憂慮，有的，只是對上主的信心，而祂就居住在我們心中。

老姆姆以院長的身份領導了我們十二年，我從她那兒學習了服從。對她來說，服從既簡單又直接，就是承行天主的旨意。當這些思想湧上我心頭時，我強烈地體會到老姆姆真的過世了，我的淚止不住地流了下來。

為老姆姆更衣後，緊接著就是聖祭禮儀，我與Mother Mary匆匆趕往經堂。當彌撒開始時，我開始撒下大量淚水。我記得——儘管我不肯定確切的時間——大約到了奉獻禮時，我清楚聽到老姆姆的聲音在我心中對我說：「我沒有離開，我和妳在一起。」我感受到老姆姆確實還活著。從那時起，即便我仍常想到老姆姆已過世的事實，但我卻流不出任何眼淚了。因為我知道老姆姆仍與我們在一起，我深信只要台灣的會院還在，老姆姆就會一直和我們在一起。這給了我莫大的勇氣和神聖的責任感。

老姆姆已將她的棒子交到我們手中。身為台灣第二代的加爾默羅修女，藉著天主的恩寵，我應盡一切努力，將我們加爾默羅真實的生活與精神傳遞給下一代。不只如此，我還要服從老姆姆的話，將她交託給我的付諸實行：「記得，我們要一代比一代好，而不是一代不如一代！」

這句話讓我升起一股深刻的喜樂與熱誠，我已經很久沒有這樣的感覺了。我覺得充滿了信心，因為我知道老姆姆和我在一起，而且，我還有Mother Mary在我身旁。

24 我的好夥伴 Mother Mary

從 Mother Mary 對老姆姆過世前一年半的照顧中，我對這位同伴及密友有了更深的了解，也由衷地欽佩她。Mother Mary 的話不多，除非有人要求她，或是迫於職責，否則她很少表現自己。這不表示她沒有個性或沒有能力，事實上，她有清晰的理智，平衡的判斷力，及堅強及富有決心及毅力的意志。她擁有真正良善心謙之人，所散發出來的吸引力。

在我們共同合作的計畫、面對的問題，或是為我們團體付出的一切努力中，她總是無條件地支持我。她毫不保留地給出自己，將她所有的才能貢獻出來，只為替團體掙得最大的益處。

在我的記憶裡，有一件事讓我印象特別深刻：當我們將英文日課轉為中文日課時，由於我們詠唱的是全份的日課，所以必須有人為聖詠、讚美詩、對經……等注上音符，使它們有葛麗果聖歌的味道。就人性的觀點來看，這真是一項不可能的任務，因為我們中沒有人對教會音樂有足夠的認識，不但要使既有的教會音樂適應中文日課，還要使修女們每天唱經時能感到平順、能夠進入祈禱。

既然團體中沒有人覺得自己有這份能力、敢承擔起這份重責大任，我只好抓住我最後的希望——Mother Mary。讓我大感意外的是，她只是簡單的說「若妳要的話，我可以試試看」，一點都不像要接受一個了不起的大事、困難的事，這反而顯示她多麼英勇、單純和隱沒自己。這就是Mother Mary的可貴之處。

接下來，只見她日復一日，只要一有空餘時間，就與成堆的參考書坐在一起，她放棄一切自身的需要，不停地為我們工作，沒有絲毫怨言。

她的努力結出如此豐美的果實，使我們不但急切地想學唱中文日課，而且至今我們仍舊滿懷感恩地詠唱這些日課，沒有修改任何一個音符。我們真是熱愛我們的中文日課。我會說，天主賞報了Mother Mary單純的服從，使她產生如此美麗的結果。

關於Mother Mary，我還想提一個令我難忘的特點。

在我擔任院長的那些年裡，她始終是我的左右手。身為我最親近的夥伴，我們自然而然地會討論許多事，尤其是有關團體生活、修女神修陶成、日常生活中姊妹間修德的種種問題。許多次，我們談到面對家人、朋友、恩人、訪客時，應如何守禁地的問題。Mother Mary會針對這些問題提出她個人及靈修上的實際經驗與看法。雖然有時我們彼此間會有不同的看法，但她總是以最大的真誠，自由地與我分享她的觀點。

最令我感動的是她分享的動機：她希望我將最好的給予團體，為此，她才盡一切努力與我分享她最好的觀點與信念。然而，許多次，我們會意見不合。每當發生這情形時，她總是順從我的意見。然而，之後所發生的事才是最令我深深感動、難以忘懷的……。

我的觀點常常有誤，而這些錯誤也證明了Mother Mary的看法是正確的。但我不記得她曾對我說過一次：「所以，我是對的！」相反的，當錯誤發生時，她會刻不容緩的，傾全力來彌補因犯錯所造成的後果。後來，我注意到，與其讓我事事成功，她這樣做反而使我從自己的錯誤中學習更多；由於我無須為自己的錯誤辯護或做解釋，也就有內在的空間與自由去安靜地審視我的錯誤、勇敢面對，而非害怕它們。她是以自己的表樣，而非以指責錯誤或缺點來教導我，她是一個以耐心及愛德來糾正錯誤、來幫助人進步的人。

其實，關於Mother Mary的德行，我還有很多可以說，因為她真的很有德行。但我必須繼續述說我的故事，說說老姆姆進入永恆後，我與Mother Mary是怎樣合作的。

共同建立團體

首先，我相信是老姆姆促成了我與Mother Mary間的親密友誼。她一定很信任我們，因為無論她知不知道，她確實以各種方式，秉持著信德與自我棄絕的精神塑造了我們。

當老姆姆當院長時，她並不習慣為自己下的命令做解釋。若是有人想問她原因，或是想給她建議，那可就要倒楣了！因為她所期望的是單純立即的服從。所以，很多時候，面對老姆姆的要求，我和Mother Mary都覺得那實在超出我們的神修能力，然而每一次，老姆姆還是要我倆去執行她的命令。

我和Mother Mary就這樣一塊兒成長，時常互相安慰，有時也靠在對方的肩上哭泣。直到老姆姆過世後，我倆才開始欣賞老姆姆堅定、嚴格的訓練方式。若說我們當初因自己的軟弱或不成熟而沒有善加把握這訓練的機會，至少，我們還學到了一件事：順服天主的旨意，不找藉口逃脫。

老姆姆過世後，Mother Mary和我盡一切努力，幫助我們的團體成為一個成熟的團體。那表示，每一位修女都必須在自己的崗位上達到靈性的成長，無論在她們的內在生活或團體生活上皆然。

老姆姆開始從天上送聖召來。短短數年間，初學院裡已有十二位小修女。身為初學導師的Mother Mary將她們照顧得非常好。她給她們健全的指導，但我認為，初學生從她那兒獲得最多的還是她靈性的愛——這是我們的會母大德蘭在《全德之路》中所提及的，Mother Mary以身作則，依照每個初學生的需要去愛她們。

至於我，經由會議及個別談話，我努力地加深修女們的意識，使她們更重視團體的合一；我們應精誠團結，同心合意追求會母對禁地默觀加爾默羅團體的理想。當時，我並沒有強調我們上主的命令：彼此相愛，因為我覺得我們尚未準備好去追求那樣的愛德，畢竟，那樣的愛德要求我們活在絕對的真理與真誠之中，當時的我們還很需要腳踏實地的彼此認識，而且，我們首先需要認識真實的自己。

「完全給出自己」

在此過程中，我們每一位都經歷許多的考驗與磨難，有不少人跌倒、傷心難過。幸運的是，在那段成長的時期裡，我們有翁神父陪伴我們。這過程需要花一點時間——對大部分的人來說，也許得花上好幾年的時間，但我們還是慢慢地成長了，我們學到在自我犧牲的基礎上去彼此相愛。

說到我這時期的內在生活，儘管我是一位相當無知又缺乏經驗的院長，但無論何時何地，只要我有需要，天主似乎就會來光照我，因此，當我必須做決定時，我的心中就會出現一股確定感，使我知道該選擇哪條路，而不會感到不安或害怕。雖然我也會犯錯——如我前面所敘述的——但我從這些錯誤中學到了很多，因此這些錯誤對我也成了有益的。

我無法說自己在此人生階段裡，享受著很大的內在寧靜與平安，因為我必須獨自處理許多團體內部的事情，但我總覺得自己肩上的擔子是輕鬆的，因為「祂」與我同在。祂給我豐富的愛，使我能愛我們的團體及每一位姊妹，所以，即便我只是單純地與姊妹們在一起，我也總是覺得非常喜樂與滿足。

當然，我們也有痛苦，因為團體生活中必定有摩擦、難解的問題和種種考驗，而這也是正常的，更何況，我們當時有那麼多年輕的修女還在成長。

有時，當我面對挫折、誤解、不滿的感覺、甚至是憤怒時，我會感到很厭倦，但我並不灰心，因為我愛我們團體這蓬勃有朝氣的精神，修女們都充滿了點子與活力。加上翁神父的大力協助，因為修女們真的愛他、信任他。

至於我的外在生活，則是忙著挑戰每一位修女，使她們越來越忠實地活出真實的加爾默羅默觀生活，同時，我也更細心地觀察自己如何活出這生活。我感到自己需要更真實地活出它，好能向別人宣講；我需要對我們的生活有更深入的經驗，才能堅信這生活的價值，並知道如何過這生活、從中成長並得以進步。

很快的，我就發現會母這句話的真實性：「除非我們完全給出自己，否則上主不會將自己完全給予我們。」

「完全給出自己」，生平第一次，這些話對我不再只是文字，它們變成活生生的，向我提出要求、對我緊追不捨。這是克修、是修德行，不是言語，而是日常生活中扎扎實實的行動。

我開始更密切地省察自己，注意我與他人的關係。我開始注意到一件事：或許我並非出於故意，但我意識到我的自我中心，特別當我在思考或處理事情時，我最先想到的總是怎樣做對我方便、對我有好處。

我很高興看到這一點，因為如此一來，我就可以和它戰鬥，但為了與它戰鬥，我必須有機會，上主則賜給我滿滿的機會……。

25 與朱校長的一段往事

在莦林修院期間，發生了一件令我難忘的事。天主利用它來拔除我某部分的自愛，讓我學習以謙遜及愛德行事。

朱秀榮女士（Helen）是我們最親愛的朋友，最慷慨的恩人，也是名校再興中學的校長。她很喜愛我。我倆常有書信往來，但這對她仍不夠，所以當她有需要時，就會撥電話給我。在一次的電話中，我們談到領導。無疑的，朱校長是位非常有魅力的領導者，她多年領導再興中學，已是一位家喻戶曉，成功又令人欽佩的校長。

出於她對我的愛，她熱切地希望我也能像她一樣成功，於是她開始給我建議，告訴我該如何管理修院，如何對待修女們。

我聆聽著她的建議，心中卻開始懷疑是否能採納這樣的作法。首先，我的個性不像她那樣有魅力，其次，修院不是學校。因此，趁她停下來喘口氣時，我開口了：「Helen，但我不是妳，我永遠無法像妳建議的那樣去對待修女們。」

聽了我的反應後，她提出種種理由，極力表明紀律是團體生活成功的祕訣，無論對學校、對修院都是一樣的。我無法認同她的觀點，因為我們的會母教導院長們要以愛、而非以權力去管理修院，我也這樣對朱校長說了。

聽了我的話後，朱校長斬釘截鐵地說道：「難怪妳總是這麼軟弱，這麼優柔寡斷。妳不是在領導修女，所以妳的修女沒有規矩，也不熱心。我的學校可不像這樣，我們的行動都是一致的。妳必須學習使用妳的權力來領導、訓練妳的修女們，這樣，她們才會長大成熟。」

她表現得如此強勢，使我有受威脅的感覺，我覺得我應該捍衛我的信念。我不記得自己究竟說了些什麼，但從朱校長的反應看來，我知道她深深地覺得被冒犯了，因為她冷冷地說道：「夠了，我們到此為止。」便掛上了電話。

當我想到自己失去了一位珍貴的朋友，非常難過，但同時，我又有一股說不出的解脫。我很難理解這出乎我意料之外的解脫感，但當我將它呈到上主面前時，祂讓我看見自己，我便明白了……。

我有多少，就是多少；不必害怕！

Helen是一位具有高度文化涵養的人，不但資稟聰明，經驗豐富，擁有高尚的家庭背景，受過高等的學術教育，還擁有非凡的藝術天分，除此之外，她也一直與東西方社會的名人來往，自然而然地，她習慣與人交換意見，而對她所提出的建議或問題，她也期待對方能給她聰明、合理的回應。

在我與Helen多年的交往中，我們分享的大多是宗教、神修上的事情。儘管我比她小十一歲，但因為我是加爾默羅會的修女，所以在我們的討論中，常常都是她在順從我的意見。然而，有時我們的話題會牽扯到她多方的興趣，儘管那是我不熟悉的領域，但Helen總是理所當然地認為我明白她領域中所關心的事情，覺得我能與她並駕齊驅地討論事情，並給出聰明的答覆。

當然，這已完全超出了我的能力，但為了不讓她失望，我盡其所能、假裝我很快樂、很自在，也很享受我們的討論，但我心中有許多壓力。因此，當Helen宣告我們的友誼結束時，我心中累積已久的壓力瞬間得到釋放，全都煙消雲散了。

當我明瞭此事後，我學到了很重要的一課：我們所謂的壓力其實並不是別人加給我們的，或許是我們自己加給自己的。既然我懂得了聖保祿宗徒所說的這項真理：「因天主的恩寵，我成為今日的我」，所以我有多少就是多少，不會多有也不會少有，我不必害怕讓Helen知道這事，我也不需要假裝，要求自己做天主沒要求我做的事。我們的會母說「謙遜就是真理」，活出真理就享有心靈的自由與平安。

但故事並沒有就此結束。Helen的神師也是翁神父，所以我很確定Helen很快就會把整件事報告給翁神父聽了。

一天，我必須打電話與翁神父商量他下次來修院的時間，他在電話中隨口問起，我和Helen之間是否發生了什麼事，我就將我這方面的事一五一十地對他說了。我很確定翁神父已決定要和我說些什麼，但他遲疑、斟酌，有些吞吐，最後終於慢慢地說道：「我覺得妳應該跟Helen道歉。Helen很痛苦，如果妳向她道歉的話，她會舒服些。」

我很願意答應翁神父的要求的，但就當時的情形看來，我不知道自己為什麼要道歉，我也看不出自己究竟做錯了什麼。所以我對神父說「我不能」。

緊接著是一陣沉默。

然後，翁神父說話了：「難道Helen有命令妳去做她所建議的事嗎？妳看不出她是因為真心愛妳，所以才試著將她最好的提供給妳嗎？她不是在強迫妳接受她的建議，她是在建議妳試試看。她受傷，並不是因為妳拒絕了她的建議，而是因為妳拒絕了她的愛。妳知道她一直非常愛妳，非常重視妳們的友誼，那對她是一大安慰。她是活在世俗中的人，每天要面對許許多多的責任與無止盡的問題，妳是生活在隱院中的修女，每天在祈禱與默觀中面對天主。我要求妳為自己嚴重的缺乏愛德與理解去向 Helen 道歉，會太過分嗎？」

敞開自己，接受他人、了解他人

聽到翁神父的這番話，我感到非常羞愧，我於是答道：「現在，我看清楚了，也明白了，我會道歉的。」神父只是說：「快點行動，一有機會就做，我為妳祈禱。」然後便掛上了電話。

當下，我既痛苦又不知所措，我告訴自己要冷靜下來，整理我的情緒，面對天主。我花了一點時間，開始看到事情的癥結，看到我的恐懼。就理論來說，我非常明白什麼是信賴天主，但實際上，當我感受到威脅時，我的不安全感會使我傾向自己，而我的第一反應就是自我防衛。我沒有足夠的自信能給我力量去敞開自己，接受別人的意見，試著了解對方想傳達的。

神父是對的，我的確沒有了解Helen的真正意思，我只是不惜代價地在維護我的立場，堅持我無法改變自己的方式。當下，我甚至無法看到我這麼做的後果：我險些失去如此珍貴、忠實而長久的友誼。但感謝天主及翁神父，這事件最終有了美好的結局，我與Helen間的友誼也持續成長，結出許多果實，深坑會院的建立就是其中的一個果實。

在深坑修院落成前幾天，我從外邊回來，當我站在路邊的大門前向修院望過去時，只見修院坐落在青山綠樹裡，襯著遠方疊嶂起伏的山巒。舉目望去，我們修院是這裡唯一可見的建築物，安安穩穩地在這裡，那麼美麗、那麼高貴、那麼寧靜。這一幕，這一刻，我感動得不得了，我只能在心裡吶喊：「你是天主的宮殿、天主的家，我愛你。」它彷彿聽到我的無言吶喊，向我伸出它的手擁抱我；我知道我會住在這裡，並從這裡進入天主的國。

這二十多年來，深坑會院呵護著我和來這裡的每個人的情誼，讓我們從陌生人到有如家人；它讓每個來到這裡的人，都帶著平安的心靈離開；它讓我們在它之內的姊妹們與天主密切地交往。

Helen的這顆果實，結實纍纍。

26 自我的淨化

和朱校長的這件事，打開了我的雙眼，使我看見自己鮮少注意到的一個特點：我膚淺的理解方式。由於我始終不去注意自己的這項特點，所以它就一直存留在那兒了。

每當我認為自己明白某事時（其實只是「輕率的理解及判斷」），那表示我了解某件我先前不知道的事。當然，在加爾默羅會，這樣的理解方式對許多事是足夠的，但當我面對的是我的修女及朋友時，這樣的理解方式就顯得薄弱了。為了尊重別人，對別人有愛德，我需要學習自我淨化，好能在心中騰出空間，以一顆寧靜及靜默的心去聆聽。

從那時起，我對我「輕率的理解及判斷」所造成的持續干擾，變得非常敏感，而這樣的理解及判斷是出自我驕傲、好操控的理智。結果是，每當我在聆聽別人說話時，我那躁動、沒有耐心、狂妄的自我便在我內心不斷叫喊：「我早就知道了！我當然明白！

夠了！不必再說了！」使我聽不見別人想傳達給我的訊息。

我錯過了多少事！

我沒有注意到別人有多為難，沒有注意到那些沒有說出口的精神痛苦、被壓抑在心頭的憤怒，以及那無法表達、卻又在心中暗暗折磨人的挫折感。漸漸地，我從聆聽中學到許多事，例如：隨時預備好去答覆別人的需要、歡迎的態度、克制好奇心，但最重要的是擁有一個能使人信賴又細膩的愛德。

唯有經由學習這一切，我才敢期望上主賜我從聆聽中結出果實，因為果實只能來自天主的主動行動——也就是當祂給予光明、溫暖及力量時。

我花了很多時間去學習聆聽，在此過程中也犯了許多錯誤，但我學到最重要的一件事：為能真正聆聽不同類型的人，我的淨化必須是廣泛而富有深度的。對某些淨化的工作，我會靠自己的努力，但有許多部分，我需要依賴天主，好達到我內在某些自己看不見也達不到的地方。

淨化三部曲

第一個需要淨化的部分是我的好奇心。當我覺得必須問一些問題來釐清情況時，天主會教我耐心等待對方敘述事情，不要打斷對方。

其次是，我學習克制自己不停歇的思緒。它會不時地提醒我有更重要、更緊急的事情要做，或是要我對眼前的問題草草地下結論。

最後——我覺得是最困難的一課——是學習不被自己的情感操控，無論這些情感是正面或負面。例如：覺得對姊妹有一份感情、有好感，或是相反的，覺得自己不在乎、反感；每當我被這些情感操縱時，我便會感受到自己的心靈失去平衡，很快地，我就不能自由自在地轉向天主了。當然，這樣的情形多次發生，使我不得不看見自己的軟弱。

為了服務團體，我盡我所能地與我活躍的情感戰鬥，試著控制它，但那不是件容易的事。有時，我越努力，我得到的成果就越少，我感到非常無助。每當我又陷入無助的景況時，我唯一的辦法就是祈禱，讓天主自己去照管這件事。我認為天主會替我解決問題，我也期待祂會替我解決問題，但祂沒有。祂安靜地等待我，看我如何面對我的無助，讓我品嚐自己軟弱的苦味，然後漸漸地，讓我投降，接受這是一個專為我量身打造的羞辱。

一旦我明白了這事，我便不再那樣努力地去控制自己，是反過來承認我的情感，然後告訴自己別受它們影響。這樣做給我帶來了平安，伴隨這平安而來的，是享有內在的時間與空間。也就是在那時，我體會到自己多需要、多渴望天主來親近我，或許，說得更簡單些——我渴望天主。

這個經驗影響了我祈禱的方式。在此之前，我非常專注於耶穌的奧蹟，尤其是祂的至聖人性。在我修道生活的一切事上，無論遇到的是痛苦或喜樂、是順境是逆境、是得或是失、是成功或是失敗，祂都在我身旁與我分享；祂是我的伴侶，而我很滿意與祂在一起。

這渴望變得越來越強烈，但我感覺不到祂在滿足我，或是在實現我的渴望。當然，祂沒有理由要滿足我，但這種不滿卻成了我的真正折磨。如今，三十多年過去了，當我現在寫下這件事時，我很想對自己說：「活該！妳以為妳是誰啊！」

但天主是深不可測的，或許祂就是在等待這一刻，好讓我看見、面對我那更深、更真實的自我：那最難意識到，在一切事上微妙的「自我尋求」。而這常常表現在我的驕傲、虛榮、佔有、敏感、忌妒、憤怒，以及各種形式的貪戀上。

認識真實的自我，而非尋求自我

這麼多年來，這個「我」與上主賜與我的恩寵以一種相安無事的狀態，同住在我的靈魂內，因為這個「我」及它所習慣的一切行為模式使我感到很舒適。但現在，當我因對耶穌的極度渴望而飽受折磨時，我開始看到這個折磨不是來自天主，而是來自「我尋求自我的渴望」。

漸漸地，我了解到天主的道路從不是誇張、暴力的，它是柔和、單純、謙卑、忍耐的。而尋求自我的道路則帶著壓力、嚴厲、某種魯莽及自誇。

明瞭此事後，我再去看我的狀況。憑我自己，我絕無法面對我這這根深柢固的自我尋求，更不要說去征服它了。於是我問耶穌該怎麼辦，祂使我明白：「讓聖神在妳內工作吧。」

日子一天天過去，幾個月過去了，甚至幾年過去了，似乎什麼事也沒發生。逐漸地，我明白聖神在做什麼：祂讓我因這種「尋求自我」的行為而挫敗、難受，等我終於領悟這種難以忍受的挫敗感的緣由後，一種深刻的平安與難以解釋的喜樂進入我的心中。

神修的路是「更認識真實的自我」，而不是尋求自我。但若不細心察覺，「認識」就容易變成「尋求」；那就是從以天主為主掉到以自我為主。目標錯了路也就錯了，這種不斷累積的「走錯路的挫敗」，終於引領我走回正途。

此外，我了解到：因著天主給的恩寵，天主的道路是柔和、單純、謙卑、忍耐的。但是，尋求自我的道路是充滿壓力、嚴厲、盲目、自誇，難怪會走不通。越在「尋求自我的道路」上努力，越體會到自己的無能、無力、無助；這也是聖神要我體會的「挫敗」。簡單的說：和天主交往，走得越深就越體會到最需要用的力量是謙虛，因為天主聖神會教導謙虛的人如何放下尋找自我，而走上認識自我。

在接下來的日子裡，我們的團體開始越來越需要我的關注了……。

27 茔林會院

一九八一年四月，我們遷離居住了近二十七年、美麗的中國宮殿式隱修院，搬進茔林的新會院。

我們的團體迅速成長，有許多聖召。面對這麼多年輕、活力充沛、充滿點子、熱情、又有才華的修女們，我很難不捲入她們的成長過程。因此，我也帶著滿滿的計畫與力量，準備去做一些必要的規劃，實現一些計畫。

不過，在我們搬到茔林的前幾年，在我毫無預警的情況下，我親愛的哥哥若瑟過世了——他因嚴重的心臟病突發，於一九七七年四月二十二日離世，享年五十一歲。因為哥哥的過世，耶穌給了我一個深沉的憂傷和遺憾。

大家萬萬都想不到會發生這樣的事。我的嫂嫂Rowena的好牧人，代她寫了一封考慮周詳的書信來通知我這消息。可憐的Rowena！他們的長子Thomas才二十三歲，還沒有完成工程系的學業；Rowena一定很失落。

幾年後，等孩子們都長大了，Rowena便常到台灣來拜訪我們；那時，我才知道，在那段艱難的歲月裡，信德與堂區對她的小家庭的意義是何等重大！

我呢？得知哥哥過世的消息時，我的心情又是如何呢？

我對自己的反應大感意外。我沒想到自己會如此深陷悲傷而難以自拔，這情況持續了整整兩個禮拜。我知道這悲傷並不是來自我的失落感，當我得知若瑟過世時，我一點也不覺得我失去他了，湧上我心頭的只是許許多多的回憶：我們的童年、我們在美國的日子，特別是我入會後，他如何獨自在美國奮鬥。後來，當他來台灣拜訪我們時，我看得出他非常快樂滿足：他在他的家庭中找到幸福，對自己的事業也非常滿意。

我這個悲傷究竟從何而來呢？我真的無法解釋。

一天，一個念頭突然進入我的腦海：「若瑟畢業於天主教學校，他認識我們的信仰，他也完全配合Rowena，在教會中將孩子撫養長大，他甚至與他們一同參加主日彌撒。但直到他逝世，他始終沒有領洗！」

難道我那無法解釋的悲傷，就是從此而來的嗎？

我將問題帶到耶穌面前，祂好似在我心中溫柔地回答我說：「妳沒有熱誠地為若瑟祈禱，他是很渴望我的。」這個體悟，讓我再一次思考自己的福傳，日後在與他人交往時，也有了積極的作用。

我們的新家

搬進芎林會院後，有許多事等著我去完成。

給修女們任命職務，對我從來就不是件輕鬆的責任。我很佩服老姆姆，她在做這方面的決定時是那麼地自由；她總是直接任命修女擔任某項職務，或是把一位修女調到另一個職務室工作，從不需要事先徵詢任何人的意見。

我試著在這方面效法她，但從沒有成功過。我知道老姆姆的作風可以給修女機會，使她們的信德成長，也能訓練她們服從——就像我年輕時多次經歷的一樣。

然而，我也知道，當一位修女沒料到會有變動時，那對她會是一件非常痛苦的事。我實在無法把我自己經歷過的痛苦，加在別人身上。

因此，每當我想調動一些職務時，都會先徵詢相關修女的意見，聆聽她們有什麼反應、想法及建議。若是那位修女所說的並不會影響團體，那我寧願讓她照她的方式做事，而不去改變。或許我的作法阻擋（或延遲）了團體邁向成熟的進程，但當時，我的良心並沒有意識到這件事。

縱使如此，從老姆姆過世（1984年）到深坑建院為止，共十二年的時間，對我仍是一段充滿了活動、成長與幸福的時期。

當我們的新修院在芎林這個農村安頓下來後，修女們開始欣賞天主賜給我們的禮物：修院周邊環境的氣氛是祥和寧靜的，美麗的修院更是幫助我們成長許多。

我們的修女並不遲鈍，她們很快就體會到天主賜給我們的莫大恩惠，所以，我們——我是指每一位修女——也懷著渴望與決心去追隨我們會母的腳步。

親愛的上主看到我們懷有的善志，也不遲延賜給我們許多意想不到的機會，幫助我們在靈性上成長、成熟，不僅僅是給個人，也給整個團體。當時的情形讓我想到聖若望宗徒的這段話：「從祂的滿盈中，我們都領受了恩寵，而且恩寵上加恩寵。」剛開始時，我並不明白上主在做什麼，直到團體開始結出果實，我才明白。

我們成了並肩作戰的家人

我們的同會兄弟，一位來自馬爾他的戴德良（Alfred Debono）神父為我們帶來了第一個機會。

當時，他來台灣幫助男修會在新竹建立團體。理所當然的，他也來芎林拜訪我們。神父來自一個非常團結的家庭，家中有六個兄弟、一個妹妹，他是家中的長子。聽到神父在學習中文方面有困難，我便毛遂自薦，親自去指導他，希望他至少能用中文做彌撒。

在上課的過程中，我很快就發現神父是個善良又極度慷慨的人，他真的是一位心胸寬大的人，整個人散發出溫暖與親密的家庭精神。

沒過多久，他就發現我們有一個大花園，於是他忍不住向我哀嘆，說我們真是浪費土地！當我仔細詢問他時，他答說：在馬爾他，每一寸土地都是非常珍貴的，而我們卻放著一大片好土地不用。

他說得沒錯，因為我們的確努力栽種過蔬菜及果樹，卻總沒有成功，因為我們既沒有規劃，也不知道該怎麼做。

當我問神父是否能幫助我們時，他說，為答謝我們對神父們的幫助，他會為我們規劃一個菜園，這樣我們就能生產蔬菜水果，甚至能自己養魚了！

我真的一點也不懂神父所謂的「規劃」是什麼意思。但很快地，他就提議要興建擋土牆，當我問他需要雇用多少工人時，他只是盯著我，然後說：「所有修女！」聽完神父的話，我驚魂未定地前去見修女們，令我大感意外的是，修女們全都躍躍欲試！

就這樣，神父教我們和水泥、搬石頭、挖溝渠、用獨輪車載石頭、將水泥裝進桶裡傳遞……等等。沒多久，我們便築了好幾面擋土牆，其中一面還超過六呎高呢！有了這些牆，我們得已開發出新的可耕地。然後，神父建議我買一些耕地用的機器，如挖地、犁地、噴灑農藥的機器，然後他教修女們如何使用這些機器。

修女們的表現令我大為驚奇，不只是因為她們的慷慨及意願，也是因為她們的勇氣與膽量；為使我們的花園產生足夠的蔬果供我們食用，她們勇於面對各種挑戰，她們也交出了漂亮的成績單！我們種了玉米、包心菜、蕃茄、四季豆、萵苣、花菜、綠菜花，以及各式各樣的綠色蔬菜。在水果方面，我們有香蕉、木瓜、葡萄柚、柳丁、酪梨、檸檬、無花果，甚至連葡萄都有！

Alfred神父非常開心。他成為初學導師後，常帶他的初學生來幫助我們，他自己的表弟Augustine神父也跟隨他的腳步，遠從馬爾他來到台灣；他也常來修院幫助我們，而且，他也是一個優秀、能幹又非常有效率的工人。

面對這一切，我們非常感激，但更讓我們感動的還是他們給我們的友誼，因為我們也在學習欣賞修女與同會弟兄間的真摯情誼，這也是我們的會母關心的事。

當時，我們廚房的主管是Sr. Ann，她的慷慨從不落人後，每當她看見親愛的弟兄們在花園裡揮汗工作，她就會發揮自己最大的天份，做幾道拿手菜來滿足我們弟兄的好胃口。

與修女們一起為花園的開墾並肩作戰，帶來了一個意想不到的恩寵。見她們如此慷慨自願地犧牲自己，我不但欽佩她們充滿朝氣的精神，我對團體的愛也在心中日漸滋長。

從前，每當我要面對團體或單獨某位修女的問題及狀況時，我總是感到責任的重擔壓在我身上，我甚至有恐懼感，不知自己將遇到什麼狀況，甚至怕會遇見自己無法處理的事情。

但如今，我所有的恐懼感都消失了，我可以信任我的修女們，因為她們願意一起迎接所有的挑戰。我覺得自由了，甚至覺得我可以（也應該）挑戰我的修女們，讓她們為自己的聖召貢獻出最好的一份，這是會母在《全德之路》強調的，也是我欽佩及嚮往做到的。

我希望修女們能欣賞並渴望擁有如會母般不屈不撓的精神，懷著「堅定的決心」，全心、全靈、全意、全力地去愛、去取悅、去服侍「我們的至尊陛下」。很高興看到這個期待一步步實現了。大部分的修女都大有進步，我們的團體也成為一個緊密結合的家庭，充滿生氣、活力與歡笑。

在那些年裡，我很享受我們的修院生活，我們付出的不僅僅是勞力，許許多多的計畫也要求我們獻出自己的創意及靈活度。但我們都很年輕，不怕掙扎與困難，阻礙只不過是在挑戰我們，激發我們的潛力罷了。

演戲的挑戰，和它甜美的果實

在眾多計畫中，吸引我們整個團體的就是為大節日、金慶等特殊慶典所籌備的話劇。我們就這樣設法演出了「古聖祖亞巴郎」、「艾斯德爾王后」，以及我們的經典大戲「古聖若瑟」。

每齣戲剛開始時都是拼拼湊湊的，那表示我們必須在團體中挖掘、招募各種才能：必須有一、兩位修女負責寫劇本，幾組修女縫製戲服、製作道具。為修女們指定角色並不困難，因為有些修女是天生的演員，而其他修女擅長當配角。

然而，從開始籌劃到上台演出，之間的協調工作並不容易。既然我們沒有正式的導演，我們就以處理絕大部分問題的方式來解決我們的困難：將問題交給團體，讓大家表達自己的想法，若是所有人（或多數人）都同意一項作法，問題就解決了；否則，院長就會表達她的想法。

通常，在面對團體遇到的各種困難時，上主會幫助我將團體團結起來，但演一齣戲可就沒這麼容易了，因為演員們——尤其是那些演主角的——對如何詮釋自己的角色都很有主見，而且不喜歡他人干涉。有時，寫劇本的修女有她的看法，主角又有不一樣的見解，意見不合是常有的事。若是衝突的雙方個性都很強，我就別指望能憑著宣講「修德行」來解決問題了。

有一次，在表演的前一天，我們還在處理一個突發的狀況——那時，除了緊急祈求天主、聖母及聖人們的幫助外，我們真是什麼也做不了。而且，為了那次的慶祝，我們已邀請了同會的神父、修士們來觀賞我們的表演，藉以報答他們在一年前為娛樂我們所做的演出。

那次的狀況是這樣的：就在我們即將登台演出的前夕，飾演主角的那位修女氣沖沖地前來告訴我，她明天不會上台演出了，就這樣！不必再多說了！當下，我真的不知道發生了什麼事，她也不願意告訴我。無論我怎樣懇求她、對她曉以大義、軟硬兼施，都起不了任何作用。她就像一顆頑固不化的石頭，氣沖沖地來，最後也同樣氣沖沖地離去。

無助的我只好將此事報告團體。修女中必定有人知道發生了什麼事，但沒有人提出解決辦法。沉默了片刻，我們謙卑的廚房修女Sr. Ann靜靜地走向我，對我說：「院長姆姆，妳願意我去和那位修女談談嗎？」

「當然，Sr. Ann，請妳和她談談。」我感覺天主正在回應我們的祈求。

過了一會兒，Sr. Ann回來找我，只簡單地對我說：「院長姆姆，那位修女沒事了，她明天會上台演出。」

經過這一場混亂後，我們的演出非常成功，神父及修士們都為我們起立鼓掌，我們的會客室洋溢著溫暖與幸福的氣氛。

28 在莺林的兩個大考驗

既然我寫了這麼多我在莺林會院經歷過的喜樂與安慰，我想，也應該記下我們前往深坑會院前，經過的兩個考驗。

第一個考驗：我們中的兩位姊妹先後離開了我們團體，而且這兩位都已發了終身願。她們其中一位是在我院長任內離開的，另一位則是Mother Mary當院長時離開的。我之所以寫下這事，是因為從這些極其痛苦的事件中，我學到一件有關「禁地聖召」非常根本的事，若後來者能明瞭這事，或許她們能從中獲得很大的益處。

什麼是「禁地的聖召」？

基本上，禁地生活的聖召完全是來自天主的白白賜予。是祂揀選了我們，而非我們自己做選擇。那是一個純粹來自天主的禮物，與我們的才能、背景、性情、適應度，甚至與我們所得到的恩寵無關。那是出自天主良善喜悅的奧秘，無法靠我們自己的理智或邏輯來理解。

有些人曾有過非常悲慘的遭遇，另一些人則來自充滿溫暖與幸福的家庭；有些人帶著所謂「優秀」的教育及氣質入會，另一些人的生命則充滿了辛勞、阻礙重重；有些人入會時已培養了很好的內修生活，另一些人卻只受過基本的信仰教育。天主將這些個體集合在加爾默羅會裡，每個人都帶著祂獨一無二的召叫。

儘管修會中有教會規定的培育期，團體生活也有嚴謹的規矩，但每個人邁向天主的道路卻不盡相同，大部分的人常處在黑暗之中，常要經過相當折磨人的過程。因此，在禁地中，我們會看見有些聖召不停地遭遇考驗與困難，而且幾乎是一些無法克服的問題，另一些聖召則快樂地航向一個又一個的階段。

依照我們會母的想法，我們的默觀聖召首先召叫我們與天主結合，好服務祂的聖教會——「為救贖靈魂」，而且這聖召強調不是為自己，相反的，我們必須付出完全自我祭獻的代價，所以，修女們的生活中不可能沒有十字架的痛苦，否則，這樣的聖召就失去它的意義了。

在此，我們為我們的聖召找到了一個不可推諉的證明，而我們也不能不以此來測試我們聖召的真實性：每一天，恩寵都挑戰我們，讓我們被釘在十字架上，因為這是我們追隨耶穌的道路；祂以如此的慈愛，個別地召叫了我們。那真正聽見祂召喚的，無論追隨祂的道路多麼困難，多麼令她受苦，甚至得被釘上十字架千次、萬次，她也無法忍受自己離開祂，而祂也不會讓她離開。

因此，若一個人離開了她的聖召，依我的看法，那並不是因為她不忠實，也不是她內在缺少了些什麼。不！我相信那只是因為她起初並沒有聽明白她的召叫，或者，這召叫是源自她自己的選擇。若是如此，她就無法在一切痛苦之中仍享有喜樂、滿足、力量，與無限的熱情；因為這一切並不源於她，而是來自新郎的禮物，是祂為她在十字架上贏來的。

在這整件事上，我的結論是這樣的：在通往我們聖召目的的途中，無論道路上是充滿了連續不斷的痛苦或是沒有預期的安慰，是從沒想過的奇異恩典或是磨人的單調生活，這一切都不是最重要的；最重要的是：沒有任何事能阻擋我們與耶穌基督結合，一如我們會母所說的，耶穌已藉著祂的至聖人性，將結合於祂的愛完全地賜給了我們。

聖女小德蘭用她獨特、別人模仿不來的方式說道：「我的喜樂就是沒有喜樂。」這是新娘的魅力與光輝。因此，源自於自己的選擇的聖召，當聖召的恩寵無法滋養靈魂時，這個人就會離開，到別處去尋求自我實現與滿足。

看似不是禮物的禮物

第二個考驗，是我們的好友朱校長慷慨捐獻土地給我們建立深坑會院。她在台北郊區買下一塊山坡上的土地，本是為給她的學校使用的，但見這寧靜、美麗的環境適合建立一座默觀的隱修院，她便很希望我們能夠擁有它，於是，她白白地將這塊土地送給我們。她告訴我，每當她想到在未來的日子裡，將有一代又一代的修女在她的土地上祈禱、朝拜天主，她就感到無比的喜樂與感恩。

然而，只要是與光榮天主、事奉天主有關的事，魔鬼一定會出現，這就是我們當時的情況。

當Helen將土地送給我們後，Mother Mary和我便請我們的建築師為修院畫圖。那時，我們才發現，無論我們如何安排、節省空間，這塊土地的大小就是不足以興建一座正式的隱修院，而且，也沒有菜園的空間——這對隱修生活可是絕對必須的。我們真是進退兩難。毫無疑問地，這裡是建立修院的理想地點，但它的面積實在太小了。

我了解住在公寓裡的Helen絕對無法理解：她的土地怎麼會不夠八個（甚至是未來的二十個修女）居住呢？怎麼可能？

在我們這方面，要和Helen解釋一座隱修院是什麼樣子，似乎也超出我們的能力，所以我們決定把土地還給她。

寫信向Helen解釋的苦差事自然就落在我身上了。就我記憶所及，這是我一生中寫過最困難的一封信，因為我了解她的個性，我幾乎可以感受到她收信時會有的震驚與失望——這還是比較委婉的說法。

不出我所料，我的信投下了一枚震撼彈。

我不會責怪Helen有這樣的反應，無論從什麼標準來看，Helen贈與的這塊土地若不是非常奢侈的禮物，也是非常慷慨的禮物了。在這人口密集的美麗福爾摩沙島，這塊土地至少可供二十個家庭居住，更別說這塊土地是在台北近郊了。我們這群加爾默羅修女若不是瘋了，就是貪得無厭，才會拒絕這樣的禮物——Helen也果真如此說了。

事實上，Helen已經氣到準備與我們絕交。我真不知該如何是好，修女們也是，但團體都期望我做個決定。

當人處在情緒激動的狀態，腦子裡充滿了想法，面對的又是找不到解決之道的混亂與衝突時，必須等待、忍耐、按兵不動。所以，我任由Helen控訴、抱怨。我等事情平靜下來，好看清天主要什麼，魔鬼又在做些什麼。

原則上，修院必須照一定的規格建立，修女們才能度一個正常、真實的加爾默羅修會生活。這原則不是我能改變的。但Helen怎麼辦？我要怎麼讓她平靜下來？安撫一個發怒之人的唯一方法，就是不要與他爭辯，也不要解釋，而以平安及謙和的態度面對他。

我的問題是，我要從哪裡找到一條出路，好讓我能跟Helen說，我了解她的感受，謝謝她好心的贈與，並盡我們所能地在這塊土地上蓋我們的修院，並真心誠意地進行這個計畫。

我覺得自己快被壓垮了，在這種狀況下，魔鬼持續向我鼓吹這個計畫是不可能成功的，所以唯一要做的就是與Helen斷絕往來。但我覺得這並不是天主要的，所以我等待，不斷祈禱。

一天，當我在餐廳裡等著用晚餐時，一個念頭忽然進入我的心中：在會母改革的初期，她曾在會憲中將每座修院的人數限制在十三人。這給了我一線光明：若深坑會院只為十三或十五個修女建造，那我們就可以建造一座符合Helen土地大小的修院了。我把這個想法告訴了我們的建築師，他也覺得可行，團體也接受了這個提議，因為她們也急著想打破僵局。

我趕緊將這個辦法告訴Helen，令我大感意外的是，她和我一樣急切地想與我們和解，所以一句責怪的話也沒有再說。她完全支持我們盡快展開這計畫，她告訴我，她已經準備好一筆錢要給我們動工蓋修院了！

我很驚訝魔鬼這麼快就逃之夭夭了，而且不只我，每一位相關的人都看出天主的手在引導這件事，並為深坑修院的一切美好細節工作著。一如往常，天主的道路不是我們的道路，祂要我們先尋求祂的「國」，其他的一切祂自會加給我們。果真，祂的奇妙化工尚未結束呢！

正當我們開始修院的建築計畫時，Mother Mary從父母那兒繼承了一筆非常豐厚的財產。她立刻用這筆錢買下修院旁的一塊土地，如此一來，我們也有自己的菜園了。今天，每當我走進菜園，見那繁茂的蔬菜供應著我們的日常所需，我總會想到Mother Mary。

29 深坑會院的好友們

前面陸陸續續寫了深坑會院建立的一些經過，在這裡我想說的就是一些讓我深深感動的人了。

在我們離開芎林會院前的最後一次會議中，Mother Mary宣布，芎林的修女只是把我「借給」深坑會院，因為她們仍把我視為她們團體中的一份子！我明白她們的意思。是的，我是離開了芎林，但我的心仍與我始終深愛的這個團體同在。我告訴自己，我的心並沒有分裂，因為在我心裡，這兩個團體是一體的，團體中的每一位修女也都在我心中緊緊相連著。

當可敬的Luis Aristogui神父任總會長時，到台灣視察時曾說過，雖然必須有三座修院才能組成一個聯合會，但他許可芎林及深坑兩座會院共組聯合會，如此，我們便能緊密地團結在一起，有任何需要時，也可以彼此支持。

這個來自總會長的特別許可給了我啟發與鼓勵，使我努力促進兩個團體在靈修及友愛生活方面的成長，使兩個團體在加爾默羅神恩及相互支持的愛德上有更深度的結合。

回顧這些年的歲月，這是我安慰與感恩的主要泉源，因為天主真的將這獨特的恩寵賜給了我們，使我們兩個團體真誠地結合在一起，完全建立在不計代價去付出的喜樂基礎上。

一九九六年十一月三十日是我們的建院日，我們一行八人住進了美麗的台北郊區、四面環山的小修院中。從修院放眼望去，我們看不見一間鄰近的房子，而唯一一條通到我們山裡的路，甚至都還沒鋪上柏油呢。

夜晚時，我們難得聽見路上的車聲，陪伴我們入睡的唯一聲響，就是禁地牆外的潺潺溪水聲。在我們度過的最初幾個月裡，每天晚上跪在床前念三遍聖母經時，我總會虔誠地祈求上主派遣祂的天使來看顧我們的修院，保護我們的修女。

就某方面而言，我很喜愛我們會院剛建立的那段時間。那時，台北還沒什麼人認識我們。我們遺世獨居，宛如一顆小小的種子被丟進繁榮首都中，在廣大腹地卻人跡罕至的靜默與獨居中。然而，生命在這小小的種子裡跳動著。我們是一個非常團結的團體，每個人都很清楚自己的目標，所以很高興沒有人認識我們，也沒人打擾、照顧或關心我們，我們享受著不為人知的自由，唯有帶我們來到這塊預許福地的祂，照顧著我們。

我們在這新家安定下來後，每個人便開始去探索天主賜給我們的這個家，試著去發現——儘管有點自私——能加深我們個人與耶穌親密友誼的獨特地方（我們的會母稱它為「獨居所」）。

這樣的地方很多，例如：從我們經堂屋頂的平台上可看見四面環山的美麗景色；另一處是一個隱藏在聖母山洞裡的小角落，這山洞位於修院後方的山坡上。我自己也發現了一個很棒的地方，位於花園盡頭處一個茂密的樹叢後面，有一株高大的杉樹蔭蔽著。

每當我見到修女在主日或節日不工作時，帶著她們的小板凳，退隱到她們喜愛的小角落裡，在那兒享受獨居，以及圍繞著我們的美景時，我總是很安慰。那是一段蒙福的日子，很少有訪客，我們的門鈴大部分時間都是安靜的。

愛我們和我們愛的朋友

我們真正享受到純樸恬靜默觀生活的時間，大概只有兩到三個月，或頂多再長一點點。漸漸地，人們開始發現我們的存在。剛開始是我們的老朋友們，尤其是我們慷慨忠實的朋友Helen，天主利用她將我們帶到了台北，而她幾乎每星期都來拜訪我們，為我們帶來一切她覺得必要的生活用品。

接著，每天來為我們團體舉行彌撒的神父，也帶著他們堂區的教友或朋友來探訪我們。他們分別是耶穌會、沙勿略會、若翰會，及教區的神父們。後來，聖言會及厄瑪奴耳團體的神父們也加入行列，為我們提供他們寶貴的服務。對他們，我懷著深深的感恩。

這些神父始終是我們最忠實、最可靠的朋友。這些年來，我們的聖堂中沒有缺少過一天的彌撒，除了二〇〇一年，我們因納莉颱風及土石流逃難到主顧會的那兩個星期。這些聖善的神父和其他朋友們，組織朝聖團到我們這座「山上的隱修院」來，他們對教友及非教友們說，我們是禁地的修女，特別在此為他們的需要及意向祈禱。

我們就是這樣慢慢被人發現的。漸漸地，社會各階層、各堂區的人們來到我們這裡，很快地，我的工作也日漸加重。在這些會客室的談話中，許許多多珍貴的友誼建立起來。在這些至今仍與我們有來往的好朋友中，有主教、也有神父們，他們不只在靈性上幫助我們，甚至也提供我們物質上的幫助。

那邀請我們來到台北，現已榮休的狄剛總主教就是我們很特別的一位朋友，他真的很愛我們。

有一次，他送了一隻烤火雞給我們慶祝聖誕節。我們在火雞上發現了一封總主教的親筆信函：「我，妳們的總主教，給予妳們特別的許可，在聖誕節享用這隻火雞。」他一定知道我們的會規會憲不准我們吃肉，所以他閣下一定與他的良心搏鬥了一番，設法為我們破個例。既然總主教花了這麼多錢給我們買火雞，我們也就盡情地享用他的禮物了。結果，我們不但把每塊肉都吃個精光，連剩下的骨頭也拿來燉了一鍋美味的雞湯呢！

身為修女，我們非常珍惜與其他修會姊妹的情誼。主顧修女會、以及離我們修院很近的仁慈聖母會，都是我們親近的好友。安貧小姐妹會的修女們總是對我們非常友愛。此外，聖心會的修女們是那麼地用心照顧我們健康上的需要。我也忘不了在教廷大使館工作的主徒修女會，她們也是我們很親近的朋友。

至於我們的平信徒朋友們，有好幾對夫婦每天早晨七點都到我們的聖堂來望彌撒。他們真的非常忠實，總是熱誠地伸出他們友誼的手，在我們的各種需要上幫助我們——尤其是當我們遇到突發狀況時，患難見真情。看到他們如何熱心地為我們服務，如何體諒我們修院的生活方式，他們如此隱沒、如此尊重、如此充滿了愛心。

在這些朋友中，陳景陽夫婦不只是虔誠的教友，更是真正的使徒。洪文祺夫婦在靈性上，與我們走得很近。還有非常虔誠的王豫平夫婦，他們選擇在我們的聖堂為他們的獨生子舉行婚配聖事。

一位大企業的董事長葉寅夫先生也成了我們忠實的好朋友。每當他要做一個重要的決定時，就會通知我們，因為他非常相信我們轉禱的力量。他告訴我們，每當他知道自己在天主手中時，他的內心就有了平安與安全感，而天主也會前來光照他。當他的公司製造出某種省電的照明設備時，他也大量供給這種省電的燈泡給我們全修院使用，為我們省下了大筆的電費。

葉先生的夫人簡文秀是一位知名的聲樂家，她從不倦於行善，不只對我們，也對任何需要她幫助的人，因為她有一個真正寬大的心胸，充滿了對人的慈善與憐憫。

這裡是天主的殿宇，祂的家

若我想數算我們究竟從朋友那兒得到了多少照顧，我恐怕永遠也說不完。我的記憶中充滿了無數美麗動人的事件，每當我想起它們時，我的心就充滿了感恩。我相信將來在天上時，我的一大喜樂將是看到天主以祂豐厚的盛宴賞報我們的每一位朋友。

關於這時期的回憶，還有一件事也使我心中充滿了更深的感激之情。

即便是人們首先發現了我們，然而，他們立刻愛上的，並不是我們這群修女，而是我們的修院——有一股平安、寧靜的氣氛深深地吸引他們，主日舉行的彌撒也使他們獲得心靈的慰藉。

有些人喜歡來我們的聖堂祈禱、朝拜聖體，另一些人則喜歡單純地坐在聖堂裡，聆聽我們唱日課。許多人都試著告訴我，是什麼使他們抽出時間再次造訪修院，他們發現自己很難說出真正的原因，但大部分的人會說：

「每當我一踏進妳們的大門，我就感受到一股特別的平安籠罩了我。然後，當我在妳們的花園中漫步時，我們所有的焦慮、疲倦、壓力及憂慮，都慢慢地消失了……。至於妳們的聖堂，那是天主的殿宇，是祂的家，我們在那兒感到如此自在，我們很期待主日的來臨，這樣我們就可以再到妳們那兒去望彌撒，因為在妳們那兒有天主親密的臨在，一切都顯得那樣和諧。」

不同的朋友，說法也不盡相同。但儘管他們很努力地想向我表達他們內心的感動，却怎樣也說不清楚，然而，我明白他們想說的是什麼，所以這些話語聽在我耳中，都宛若一段段悅耳的音樂。

天主以祂自己的方式來使人認識祂，而不是依靠我們的方法與努力，在這個過程中，祂以非常隱密的方式讓人們愛上祂。事實上，我覺得我們越是謙卑、隱沒，祂也就越能夠自由地顯示祂自己。

30 分擔世界的憂苦

在深坑會院剛建立的那段日子裡，每當我與台北這個繁華首都中各行各業的人接觸時，我實在無法不對一般人的生活感到驚奇——說得更確切些，我為他們的生活感到惋惜。當我進一步聆聽人們訴說他們面對日常生活的心境時，我對他們就更加關心了。無疑地，這兒的人們享有非常富裕的物質生活，然而，每當他們要面對生活的各項層面時，卻感受到自己內在有一股強大的飢渴，一種令他們難以忍受的心靈貧窮。

從外表看來，他們似乎無憂無慮地享受著人生，但我看出他們的心中沒有真正的自由與幸福，有那麼多的焦慮、矛盾、壓力，他們口中所說的「問題」，也為他們帶來無止境的煩擾。我感受到這些人承受的重擔——是「世界」的產物，卻成了他們生活中重要的一部分。

待我與他們成為朋友後，他們便向我透露更隱密的事情。那時，我不只看見他們的重擔，更看見壓在他們身上的憂傷、焦慮、傷害與問題，或許，更使人痛苦的是，似乎沒有任何人可以解救他們。

我多麼希望他們全都擁有信德，因為信德能將耶穌給予他們。唯有耶穌能解救他們，不只從他們有限、暫時的不幸中解救出來，更重要的是，將他們從看不見的永恆不幸中，解救出來。

很快地，來到我面前的，不只是中上階層的人們，社會低階層的人——我們親愛的窮人朋友們——也經由他們的管道來到我們修院。他們帶著典型缺乏自信之人所會有的害羞、略帶歉意的微笑，來到我們的會客室。起初，他們幾乎不敢打破這令人不自在的沉默，但慢慢地，他們向我們娓娓道出他們的憂傷與痛苦。

當我聆聽他們時，我深深地感到悲傷，而這悲傷竟漸漸轉為壓抑在心頭的憤怒與沮喪。我不明白，在這個享有高度教育及文明的社會裡，怎麼會存在如此不正義的事情、人與人之間怎能忍受如此的冷漠與無情，且這樣的事竟是出自自己的鄰居，甚至是親戚及朋友們！

當我聆聽那使他們幾近絕望的憂傷、無助與挫折時，我也非常沮喪。我難過自己找不到合適的話語去安慰、分擔、鼓勵他們，我甚至不知該如何陪在他們身邊，作他們中的一員。面對如此沉重的悲慘境遇，我的言語非但無法減輕任何痛苦，甚至還是個不恰當的行為。

在這段最早的經驗中，有時，我幾乎後悔踏進會客室，投入這些超過我能力的談話中。每當這情形發生時，我全心渴望回到我可以獨自待在靜默與獨居中的日子，即使是短短數小時也好。但我不知究竟是什麼力量將我帶回來，使我盡其所能地，不要放棄這些來自外界的探訪。

我們每一位都是教會

大約過了幾年後，耶穌在祈禱中，以無助的形象將自己顯示給我。起初，我對此感到相當困惑，但隨著時間流逝我開始明白，祂只是要我看祂如何度過祂在世的那段時期，如此，我便能認識祂的榜樣，跟隨祂的腳步。

祂向我顯示，在祂的時代，猶太人受到羅馬人的壓迫。那時，耶穌真的無法做任何事來減輕祂子民的痛苦，祂也不試圖這麼做。祂只是做他們中的一份子，在壓迫人的法律下服從、順服。然而，他宣講真福：「神貧的人是有福的……現今哭泣的人是有福的……慕義如飢似渴的人是有福的……為義而受迫害的人是有福的……」然後，他甚至更前進幾步：他自願不享受任何屬於祂的特權，空虛自己。之後，他進一步地讓自己成為赤身露體的，緘默不語，然後讓自己被釘在十字架上，死在十字架上。

漸漸地，我開始看到這些事的意義。

無論是透過富人或窮人，事實上，透過每一個來到我們修院的人，我學到我們天主教會存在的奧秘，我學到這大公教會即是耶穌的奧體。

這是我所明瞭的：在這大公教會裡，她的每一個肢體都好似一隻隻軟弱、無能的羊，被送進虎視眈眈的狼群（世界中）。在那兒，我們受迫害、受輕視、被視為無足輕重的。然而，在我們的教會，耶穌親自在那兒集合那些屬於祂的人，祂將祂的生命及聖神賜與他們。歷經世世代代，祂將他們送進世界，是的，他們要在世上宣講和活出「福音」，傳揚祂的國直到世界的終結。

漸漸地，我看到一個真理。

聖保祿看到這關乎他自己的真理時曾說：「我幾時軟弱，正是我有能力的時候。」我突然想到這項真理可以實際應用在今日這掙扎中的教會身上。她在這個現代世界中經歷了前所未有的迅速改變，面臨著種種複雜的問題。當我默觀這一切時，喜樂充滿了我的心，我不禁歡喜雀躍。我深深地為我們的教會感到驕傲，儘管經歷種種折磨與壓迫、反對與迫害，她仍忠信地繼續耶穌傳遞給她的使命。而這忠信的恩寵，是藉著聖神及聖體聖事的恆久臨在，來賜給教會的。我們每一位都是教會，是依靠耶穌給我們的這項許諾而生活著：「我與你們天天在一起，直到今世的終結。」

當我明白上述的一切後，我便不再為這些來自外界的探訪困擾了。

我不去尋求這些探訪，因為在我內心深處，我還是比較喜歡獨處的時光——單獨地與唯一的那位在一起。然而，我歡迎我的朋友們，他們已成了我的教會。我可以和他們一同前行，為天主結出長存的果實。和這些朋友在一起時，我總能和他們一塊兒歡笑，一塊兒哭泣。他們對我總有說不完的故事，我們可以一起為之歡樂，也可為之悲傷。在別人看來，或許有些故事毫無意義，但它們都銘刻在我的記憶中，一如曠野中的小野花，在我心中綻放。

31 隱藏在基督內

在這些年裡，我的靈魂狀況又是如何呢？

當我發現我們修院的這些「小小羊群」即是教會——基督的奧體——後，我的靈魂也根植於此奧體中，無法與之分割。於是，一種無法滿足的渴望開始折磨我，我渴望為此奧體被剝除、被空虛、被貶抑至虛無，我渴望受苦，渴望被消除盡淨。然而，我知道也看見，那是耶穌的苦難與死亡在催迫著我，我無法抗拒祂。

但我又同時看到自己的軟弱與善變，我真怕這已燃燒起來的火會熄滅，徒留一團灰燼。畢竟我是如此認識自己的軟弱，因為我一天至少會跌倒七次，說得更明白些，儘管我非常容易下定決心，甚至能下很英勇的決心，但若要將任何一個決心付諸實行，那可就是另一回事了。

在此掙扎中，我祈求道：「上主，若這真是祢，那就賜我這種被挖空的恩寵，使我能追隨祢為我選擇的道路吧。」做此祈求後，幾個月、或許連幾年也過去了——我不記得究竟過了多久，總之，什麼也沒發生。

我唯一知道的是，那股無法滿足的渴望並沒有離開我。我恆心地祈禱，逐漸地，這祈禱成了我心靈的習慣。然後我開始注意到有一種難以解釋的喜樂持續地充滿著我的心，伴隨這喜樂而來的，是一種新的自由進入我的靈魂內。若要我具體解釋這是什麼樣的自由，我會說，那是從自我中解放出來的自由，或者，我可說那是一種不在乎——在日常生活中，發生在我內外的事情，我已不再那樣在乎了。

然而，這種不在乎並沒有免除我日常生活的辛勞，如：尚未完成的工作所造成的緊張、待履行的職責帶來的壓力、面對須謹慎處理的問題所產生的掙扎等等。然而，在這種種情況中，有一件事令我深感訝異：每當日常生活中的要求增加時，我內在的自由也相對增強。這份自由宛如一種內在的空間，或是一種內在的狀態，一種與耶穌在一起、「隱藏在基督內」的意識，將我完全包圍起來。每當我處在這種狀態中時，我自己也覺得很驚奇；我好似不太注意自己的工作，卻更快速、更輕鬆地完成了它們。

活活潑潑的禁地團體

上面描述了我的內在工程，那麼，外在工程又是什麼樣的景況呢？

在深坑修院的頭十年，是一段充滿了活動的日子。我們團體的姊妹們都充滿了精力與熱情，所以我們共同改善了許多修院的結構及環境。在完成這些修建工程的過程裡（我稍後會再詳述），不知不覺中增進了姊妹間的團結與合作；每個人都主動發揮天主賜給她的才能，也都學習去欣賞別人的天份。

對我來說，這真是來自天主的降福，因為修女們從團體的鼓勵中獲得了自信，每個人都為了團體的益處，真誠快樂地給出自己。天主在我們的團體中賜下了「自修而成」的「建築師」、「工程師」、「藝術家」，及天生的「演員」。

我們的「建築師」看見修院中有一些沒有利用到的空間，便去研究如何利用這些空間；我們的「工程師」憑著自身的經驗，學習利用各種材料與機器去建造、維修，絞盡腦汁地去實現「建築師」的計畫。至於我們當中的「藝術家」，她見我們周圍的自然環境沒有受到人為的破壞，且處處充滿了美麗的景色，便建議在我們室內及花園中，也創造些美麗又藝術的空間，好提升修女們的理智與心靈。

每當遇到大節日或特殊慶祝時，我們便興奮地發現我們中隱藏了許多才華，為修女們帶來了許多歡樂，其中不但有演戲的才華，甚至還有唱歌及跳舞的才華呢。

現在，我該談談前面說到的「修建工程」了。

在新會院住了幾年後，我們開始想念從前有會議室的時光，因為我們可以在那兒召開正式的修院會議。我們起初並沒有會議室，所以我們只好在散心室開會，但散心室缺少隱院會議的那股神聖氣氛。面對這情況，我們無計可施，因為我們實在沒有空間。然而。我們其中一位「建築師」卻開始在院中構思、尋找空間，最後，她提出了一個絕妙的方案：利用地下室一塊沒有使用到的空間來興建會議室。詢問過當初建造我們的修院的工程負責人後，我們便帶著我們的「工程師修女們」一起打造一間真正的、完整的隱院會議室：室中有十字苦像、一座優雅的祭台、以及與經堂唱經席一模一樣的木質長排座椅。

我們的第二個「修建工程」則為我們帶來了意想不到的喜樂。這工程也實現了我們其中一位「藝術家」的夢想，因為她總是哀嘆我們修院中沒有「中庭」，畢竟那是所有隱修院的共同特色。

當我們的會議室建好時，她提出一個令我們吃驚的建議：在會議室上方闢出一個迷你中庭！我們請專家研究這個方案，專家也認為這是可行的，因為我們的會議室蓋在地下室，在會議室上方——隱院的中央——恰好有一個開放的空間，被我們的建築四面圍繞著。

在團體的鼓勵下，我們的「藝術家」修女便開始她的計畫，歡欣地實現了她多年的夢想。我們遠從西班牙運來一尊美麗的耶穌聖心態像，將它安置在迷你中庭的中央，一位好心的恩人也捐獻了四大盆植物，環繞著耶穌聖心像。如今，這一小片天地總是吸引著修女們，不但悅樂眼目，也使我們的心神歡樂。

約在同一時期，我們也完成了另一項計畫：我們拆除了一道沒有用的階梯，設法建造一座大小適中的圖書館，儲存我們的好狄剛主教退休後，捐獻給我們的珍貴書籍。

第32 第三代院長：Mother Ann

Mother Ann過世時，是我們深坑隱修院的院長。

事實上，在台灣加爾默羅修會的歷史裡，她是第一個入會的台灣人，也是我們的第一位台灣籍院長。她於一九六四年五月三十一日（我們在台灣創院整整十年後）進入新竹會院，二〇〇三年二月十一日當選為深坑會院的院長；二〇〇五年九月二十四日，在睡夢中離世。

當深坑會院建立時，Mother Mary以她慣有的慷慨與愛德，要求Sr. Ann與我們一同到深坑來。我知道Mother Mary做了很大的犧牲，因為她和我一樣疼愛、珍視Sr. Ann。一如Mother Mary所盼望的，Sr. Ann為深坑會院做出了極大的貢獻。在這個家中，她將自己的生命獻給了慈愛的天主，並服務我們的團體直到生命終結。

Sr. Ann的修道歷程

當Sr. Ann還是個望教友時，天主就使她特別受信德的吸引。她不只是受到了信德的吸引，還愛上了信德，從這個恩賜中，她發現天主的無限富裕。

Sr. Ann入會後被安排到廚房，在來自美國的輔理修女Sr. Christine手下工作。當時，我剛被任命為初學導師，所以她就成了我的第一個初學生。我倆就這樣一同成長——我是一個完全沒有經驗的初學導師，她則是一個全然無知的初學生。可想而知，我們共同經歷了許許多多難忘的事件；在今天看來，我們會說這些都是生活中一些很有意義的意外事件。

打從她一開始修道，她直率單純的性格，使她很快就接受聖神的引導，走上神聖服從的道路。當她行走在這條路上時，她幾乎立刻發覺自己必須經過一些必要的淨化，所以，她很習慣放棄自己——放棄她的自我意志以符合天主的旨意。隨著她在神修道路上的前進，她越來越意識到凡事應以天主為中心，而非以自我為中心。當然，這是一個很大的掙扎，她也跌倒過許多次。每當Sr. Ann跌倒時，天主真的很寵愛她，刻意讓她在眾人面前出醜，以致她很少能躲過受羞辱的機會。

有一次，我指出她在烹調上犯的錯誤，她氣到將煮好的醬汁潑在廚房的牆上。另一次，她在盛怒之下用力敲打火爐上的鍋子，結果在鍋子上敲出了一個洞，還必須為此公開訴過呢。

Sr. Ann對英文一竅不通，她的表達方式總是顯得簡單又帶點笨拙。她臉上總帶著一抹無辜的微笑，好似在告訴大家：「我什麼都不知道，什麼也不懂。」而這一切令Sr. Christine很惱火，因為她是非常有效率、負責、腳踏實地、勤奮的修女。一天，Sr. Christine終於忍不住，帶著滿臉的困惑、開門見山地對我說：「修女，Sr. Ann的腦袋正常嗎？」我懂她的意思，於是我安慰她說：「再耐心等待一段時間，妳會明白的。」

Sr. Ann是在鄉下長大的孩子，精力十足聲音宏亮，與其讓她在經堂中端莊說話，她反而更適合在田裡工作。以下幾個狀況，就能清楚表達我意指為何了。

一天，我到她的斗室中，隨意糾正了她一件事，我完全沒料到她會那麼在乎我的指正，只見她突然放聲大哭，哭聲如此之大，我深怕驚動其他修女，只好趕緊抓起一條毯子將她的頭蓋住。

另一次，為了消耗她那積存已久的精力，我允許她在散心時騎腳踏車，她簡直欣喜若狂，只見她開始在腳踏車上表演各種特技，還不停地發出瘋狂的叫聲，我當時真是看得目瞪口呆。

還有一次，在散心時，她自告奮勇要為修女們獻唱一段義大利歌劇。我們大家都知道，她一個義大利字也不認得，所以大家都很好奇她到底要怎麼做。Sr. Ann可真是讓大家跌破眼鏡了。只見她維妙維肖地模仿一位熱戀中的男子，她用她那令人稱奇、雄壯的歌劇嗓音，深情款款、熱淚盈眶地表達出內心的澎湃與懇求，加上她那生動的表情及動作，充滿了戲劇及喜劇效果，我們被她精彩的演出逗得幾乎從椅子上跌下來。

一九六七年，罹患肺結核的Sr. Christine必須卸下廚房的責任。Sr. Ann仍是位初學生，卻一肩挑起了廚房的全部工作，在之後近三十年的歲月裡，她除了中間短暫幾年的喘息時間外，終其一生，她都一直在廚房裡工作。她始終懷著無比的喜樂與滿足，在廚房裡活出她特殊的聖召。

當她是廚房主管時，身為院長的我有許多事必須詢問她，同她一起計畫，所以我們變得很親近。令我感到非常高興、欽佩又安慰的是，我發現她的靈魂中蘊含著寶藏，因為她的心很單純，這份單純賦予她明達與智慧，加上長年待在廚房，更為她奠定了謙遜、忍耐、超脫、愛德的堅固基礎。

她從未失去她那靦腆、無辜的微笑，說話小心翼翼、而且常常充滿含蓄的幽默。

在她看似笨拙的外表下，其實隱藏了非常深刻的敏感與聰慧。她多年來在廚房無私的服務，真的豐富並聖化了她的整個生命，而我們的整個團體也從她身上學習了很多。

在團體中，她很習慣坐末位，而這在她的心內培養出看待事情的超性眼光，這種眼光也幫助她將神修生活完全建立在信德與服從上。

令我非常喜歡的是，因為她的無私和正確判斷力，所以我每次與她說話時都感到很愉快。在她內充滿了真實默觀者所擁有的純潔之愛與喜樂。

若我們從外表看她，她既沒有出色的才華，也沒有傲人的學歷，我們會以為她不算什麼，但若從她的內在來看，便會發現她非常穩定地在靈修的道路上前進，甚至連她自己也沒有察覺到這一切。

Sr. Ann在靈修上日益成長，也逐漸在恩寵上扎根建基。她從親身的經驗中清楚分辨出什麼是本性，什麼是順從本性的道路，以及什麼是恩寵，什麼又是來自恩寵的要求。透過這一切隱密的經驗，她慢慢養成習慣，在一切生活的境遇中追隨恩寵的道路。

成為初學導師和院長

在我們來深坑建院之前，她奉命到初學院擔任初學導師的助手。她是個非常有德行的修女，由於她很謙卑，所以她的良善與仁慈也特別超群出眾，這使她很能理解、容忍別人，尤其是對那些個性很難相處，及受苦的姊妹們。

當深坑會院建立之後，我任命Sr. Ann做初學導師。我完全信賴她會給我們的初學生穩固的陶成。儘管她沒有授課的天份，但她身上具有真正加爾默羅會士所需的一切德行。

在她三十年的修道生涯中，天主安靜地在她心中轉化她，她從一個未經琢磨、沒受過什麼教育的鄉下姑娘，轉變為充滿天主恩寵的人。

我們的團體都很愛Sr. Ann。她雖然不多話，卻擁有非常準確的判斷力。她是一個專注的聆聽者，無論肩負的責任多麼繁重，她都好似總有閒暇接待別人，且無論別人何時找她，她也總是顯得很愉快。

只要Sr. Ann臨在之處，那地方就洋溢著愉悅的氣氛，修女們都感到平安與快樂，因為她總能說出欣賞及鼓勵的話。或許，Sr. Ann之所以這麼受大家喜愛，是因為她那份別人模仿不來的幽默感，每每遇到散心沉悶乏味的時刻，她的幽默感常常讓氣氛再度活絡起來，甚至好幾次將團體從衝突的場面中解救出來。

Sr. Ann當選院長後，我很高興領導的棒子終於交給了年輕的一代，從我們的創院姆姆算起，這是第三代。這一代是在台灣的土地上成長的，這聖召也是從這塊土地萌芽的。經過近半世紀後，我看到加爾默羅會在台灣這傳教區生根了，而且結出我們會母渴望的真實果實。

身為院長後，Mother Ann始終保持她原本的樣子，單純謙卑、全然自在。無庸置疑地，天主非常活躍地生活在她內，使她懂得如何領導，並賦予她一股隱密的力量，我們無法不意識到這股力量，而這力量也將我們團結起來，使我們無論擔任何種工作或職位，都很樂意在事奉天主及服務團體的事上付出自己。

然而，這種洋溢活力與新生命的氣氛並沒有持續很久。二〇〇四年十一月末，醫生發現Mother Ann罹患肺癌，已到了末期，無法開刀治療了。這對我們不啻是個可怕的打擊，大家都被這個消息嚇壞了，但Mother Ann卻不然。她一如往常，非常平靜地接受天主的旨意，也就此開始一步步走向加爾瓦略山頂；這段時間持續了整整十個月。在她身心都承受極大痛苦的那段時間裡，我有幸見證她如何一步一步地完成她最後階段的轉化。

在她生命的最後十天裡，我幾乎每天都到醫院看她。她生命的最後兩天——週四與週五——她在呼吸困難及昏昏沉沉的狀態下，將她認為需要交代的一切託付給我：她想對團體、對每一個姊妹說的話、她的希望及渴望、她的忠告及鼓勵、需要處理或交付的事情、需要通知的親戚、朋友及恩人。我訝異她這個在死亡面前的人，如何能持續地忍受身體的折磨，卻依然平靜、全然自制地履行她的職責。

在我看來，她好似一道即將流入大海的江河——平靜無聲，甚至連水面上也看不見一絲漣漪；但我們知道，在水的深處，某種榮福的轉化正在完成。在我們談話的一些靜默時刻裡，我從她的眼神中看到無比的平安、喜樂，以及難以言喻的溫柔。二〇〇五年九月二十四日星期六清晨，她在睡夢中離世。

Mother Ann的臨在

還記得在我年近八旬之時，Mother Ann常對我說：「我會埋葬妳，妳可以確定我不會掉一滴眼淚，因為我應該為妳感到高興，畢竟妳會見到耶穌，會永遠與祂一同歡樂！」然而，當我埋葬Mother Ann時，我的感覺卻完全不是這樣。好幾天——甚至好幾個禮拜，我真的好想念她。我真的好不習慣，因為我再也看不見她在屋裡走動、和團體在一起，我再也見不到她那張純樸誠實的臉龐。

大約就在那段時期裡，我習慣每天清晨到花園中，邊散步邊念玫瑰經。一天，當我念完經時，我在Mother Ann的紀念碑停了下來。當我佇立在那兒時，對她的回憶又浮上我的心頭，而Mother Ann好似隨著這記憶活生生地回到我的心中，她彷彿就在那兒——不是以肉體的形式，而是以一種活生生的臨在出現。她好似在鼓勵我對她說話，要我將我的感受與希望告訴她。僅僅知道Mother Ann在那兒就使我充滿了喜悅，因此，我所能說的就只有：「喔，Ann。」

翌日，我簡直等不及再回到花園，結束我的玫瑰經，再去拜訪Mother Ann。我很確定她在那兒等著我，於是我告訴她，她仍是我們團體的院長，我只是她的影子，所以她最好看好我們的修院，照顧好我們的修女。

令我驚奇的是，從我開始探訪Mother Ann的那天起，一股深刻的安全及滿足感便進駐我的心中，當我履行院長的職責時，我很少感受到肩頭上擔子的重量。好似有另一個人——一定是與天主聖神結合的Mother Ann在背這個擔子，或者，是她在領導，使我們的團體輕鬆而穩健地向前行，當時的我只是個在夢中行動的人罷了。

或許沒有人知道，但我知道：真正的院長不是我，而是Mother Ann。難怪我到今天還記不起我在那三年院長任期內，所做的任何一件事。

每一天，無論晴天或雨天，我總會被吸引到Mother Ann的紀念碑前；在那兒，我對她說話，也聆聽她。我對她談論她所鍾愛、所服務過的修女們，我將某些修女的問題與困難告訴她，也把這位或那位修女的進步與她分享。有時，我只是輕鬆快樂地站在那兒陪伴她。對我來說，她並沒有死亡，而是如此真實地生活行動著，因為她對我說的話比我對她說的還要多——但她不是用人的言語，而只是讓我明白。她對我說：「在一切事上，要把耶穌放在首位。」在我們的團體生活中，我應注意修女是否在一切事上首先悅樂耶穌。「讓祂快樂」——聽到她用她一貫簡單的言語說話，我很感動。

隨著時間的流逝，Mother Ann在靈性上與我越來越親近。她想讓我知道，她現在比她在世時更愛我們，也比從前更能幫助我們。我可以感受到她的力量，所以我每天對她說：「Mother Ann，我們的團體是妳的，教我們愛耶穌，讓我們在一切事上悅樂祂，請妳務必幫助每一位修女的需要，尤其是在她們痛苦的時候。」

每當我這樣對Mother Ann說話時，我總是感受到很深的平安與喜樂。她總是如此活躍地臨在著。當我經驗到這事後，我非但不再為她的過世感到悲傷，我的心中還充滿了最深的歡樂。那不可見的世界——永恆——儘管對我仍是個奧秘，卻成了實實在在、充滿生命的美善，及取之不盡的力量的事實。

33 在天主內迷失自己！

二〇〇八年十一月，我的院長任期屆滿。

當我這次卸下這個職務時，我將照顧修院及團體的工作，永遠移交到第三代手中了。老姆姆將她的棒子交到我手中，我是和她一同從美國到台灣創院的，所以，我是第二代。現在，我將棒子傳給第三代。一股深刻的輕鬆感充塞著我的心，伴隨這感覺而來的還有對天主的讚美與感恩，在心中洶湧起伏著。

自從老姆姆在一九六六年退休算起，我斷斷續續地擔負起院長的職務達四十年之久。我知道我有責任要將我白白得到、寶貴的加爾默羅修會祖產忠實地傳遞給下一代，並履行老姆姆的遺訓：「要一代比一代好」。仰賴天主的恩寵，我已跑到了終點，完成了我的賽程。當我回顧過往時，我只能說天主的確行了大事，祂以無限的慈愛與眷顧在我生命中完成諸多的細微工作，我只能為之讚嘆。我特別感謝天主在Mother Ann過世、進入永恆後，讓我經歷新的恩寵，這恩寵讓我更加確實了「永恆充滿生命、無限良善和大能」，這確實成了我內心安定的力量。現在，一想到永恆我無恐無慮、滿懷希望，而且不斷地在希望中擴大我的胸懷。

被我拋在身後的痛苦

正當我習慣於平安與滿足的生活，準備享受「退休」的美好時光時，我開始注意到有一股黑暗的陰影，非常緩慢而穩定地將我的祈禱包圍起來。

起初，這些陰影好似一層令人窒息的薄毯子，只進駐到我祈禱的時間裡，但隨著時間的推進，這毯子越來越厚也越來越重。有時，我希望稍稍掀起這令人痛苦的毯子，但它卻變得更加厚重了。這狀況持續近一年後，我似乎已經不知道該如何祈禱了；因為在祈禱時，我的頭腦就像一部沒有修理的破機器，無法產生一絲有條理的思想，我的心則像塊石頭，在我看來，它就像是死了一樣——每天都是如此，我不記得有哪一天例外。

我感覺全然無助、甚至無望，因為我真的不知道該做些什麼。那完全的黑暗，不只籠罩，還侵入、淹沒了我所有的官能，使我在祈禱中動彈不得，連最簡單的經文，如短誦、天主經、聖母經，只是在背誦而已，一點也進不了心智，更進入不了心靈；連聖經和默想的書，也都是如此。

當我意識到自己的祈禱狀況時，應該是二〇〇九年了。起初，我想天主是在教導我內在收斂的重要，讓我賠補多年修道生活中在這方面的欠缺。然而，當這痛苦幾乎從不間斷，整整持續了一年後，我開始懷疑天主是否有其他的用意？那又會是什麼呢？

我開始想到長期臥床的病人。他們不知道未來如何，所以他們以種種猜測、懷疑、焦慮和抱怨來折磨自己，或者，他們用愚蠢的問題及哀怨來折磨他們的醫生或家人。但這一切不會帶來任何紓解，就算沒加重病情，也只會增加他們的痛苦。我想，面對這情況最適宜的態度，就是接受情況本身，試著盡可能安靜地忍受它，不要期盼改善情況，而要在它內憩息。我就此推論，這或許是我能找到平安、不折磨自己的唯一方法。

因此，我開始在祈禱中循此方式前進。日復一日，每當我坐下來、在天主的臨在中收斂心神時，我那渙散、混亂、完全不受控制的意識，便傾巢而出。漸漸地，我學習注視自己，好似站在自己身外注視另一個人一樣，將自己從所有感官的活動中抽離出來。我斷斷續續地循此方式前行，直到我不知不覺養成習慣。我以此方式生活了好幾個月、甚至好幾年，直到我注意到自己內在的轉變。

剛開始時，我還沒有注意到這轉變，因為那是從我內在深處開始的，它經過了很緩慢、很輕柔的過程後才呈現到表面來。那是一種意識，當我開始注意到那黑暗、混亂、無助……時，所有在祈禱中感受到的痛苦，便不再使我難過了，事實上，我幾乎忘記這些痛苦的存在了。這些痛苦好似被我拋在身後……的確，我的祈禱始終都是沒有光明、沒有安慰的，直到現在仍是這樣，但經過這些年的經驗後，我已習慣這個狀況，所以它不再困擾我了。

然而，在這段時期裡，某個新經驗卻開始在我心內發生。當我回顧這件事時，我覺得它很難——甚至不可能——用言語解釋，但我或許可以試著描述這個經驗，如同述說一個類似的故事一般：

一位將領帶兵出去，打了敗仗。士兵們都驚慌無助地四散奔逃。那位將領被留在那兒獨自面對一步步逼近的敵軍，沒有一個人在他身邊為他作戰，這位將領至少應感到害怕的。

但他沒有！

這就是我的靈魂感受到的，也是最令我困惑的。

我非但不害怕，反而感受到一股前所未有的信心，掌握了我的整個存有，我感受到「在我身後站著『力量』本身」。〈聖詠〉二十三篇的詩節自動進入我的腦海中：「在我對頭面前，祢為我擺設了筵席」。我非但不覺得害怕，甚至連絲毫的焦慮與壓力也沒有，只有喜樂與歡悅始終充滿著我的存有。

然而，我的祈禱狀況始終沒有改變——沒有一個官能和感官是正常運作的，它們始終是「渙散、挫敗的」。奇怪的是，每當祈禱一結束，一切就恢復正常，我又能自由使用我的能力來生活、工作。這狀況使我深深體會到，與天主交往時——即是進入天主的境界——我的全然無能為力。除非天主願意淨化我、使我空虛，否則，我怎能接收到祂賜予我的恩惠？我實在完全不配。

我方才描述的是我靈魂成長的狀況，若我沒記錯，那是發生在二〇一一年末至二〇一二年之間的事。隨著日子一天天、一周周的流逝，「祢為我擺設了筵席」這句話也越來越深地進駐到我心中。我的確有許多敵人：日常生活中的種種誘惑，都是我很容易落入的陷阱，它們不斷向我提出出乎我意料之外的要求，需要我立刻去注意、去面對各種挑戰，而這些挑戰又激起我的直接反應，令我措手不及。面對這種種狀況，我既沒有力量保衛自己，更沒有能力投入戰鬥，我唯一擁有的，是我有限的理智、軟弱不穩定的意志、日漸衰退的記憶，以及我那經常爆發的情緒。

只願「跟隨祂」！

正因如此，我才更感驚訝：當我用這無能、全然貧窮的自己去獨自面對無數的敵人時，我怎麼反而變得坦然無懼、充滿信心、擁有十足的安全感呢？我好似坐在滿是佳餚的宴席上，仇敵就在不遠處向我咆哮，但卻完全無法碰觸我。這個經驗使我對耶穌說的「我是善牧」有了更進一步的理解，或者我應該說，有了更深的洞見。

當我處在這個狀態時，我想起自己學習當院長的那些日子。我那時大概只有四十出頭吧。我想起每當修女對我發出一點反對或討論事情的聲音、或是對我的看法有一些意見時，我就會很痛苦，甚至覺得受到威脅。然後，我會把這一切視之為對我的批評，或者，當她們向我提出建議，希望我做一些調整，或重新考慮我的決定時，我就會將此視為她們對我這位院長的指正，覺得她們大大地傷害了我的自尊。所以，每當同樣的事又重演時，我就得努力不對這些修女表現出冷漠或疏遠她們的態度。

當然，那時的我非常不成熟，因為我還不知道該怎樣正確地當一位院長。更別說我那時根本看不見我過度依靠自己，所以才會覺得受到威脅。如果我當時對善牧那首聖詠有更多、更深的理解，或許我就會猜到耶穌是我真正的善牧，祂自始至終會保護我，我沒什麼可怕的。

但實際上，我花了好多年的時間去學習這件事，也花了好多時間才在我生命中活出「依靠耶穌善牧，免於恐懼」的自由。

直到生命的晚年，我才看出，耶穌在宴席上為我精選的食物與飲料，其實就是日常生活中的批評、反對、否定與羞辱。而這些姊妹都是耶穌手中的好工具，將天主的旨意及祂美善的喜悅傳遞給我，她們實實在在是真正幫助我的人，因為她們挑戰我，讓我走出封閉的自我，去找到我的善牧——耶穌。

二〇一四年初，我越來越受到〈斐理伯書〉中「祂空虛了自己」這句話的吸引。當然，這句話蘊含的奧秘實在太深、太廣，不是我的理智可以掌握的，所以我只是讓它留在我心內，卻不知道天主到底要什麼。

隨著時間的流逝，我想到耶穌為祂的父、為我們空虛了自己，但我仍無法理解耶穌想告訴我的，所以我又停在那兒。直到有一天，聖保祿的話來到我的心中：「因為我們不知道該如何祈求才對」。是的，這正是我的狀況，因為我不知該如何面對這奧秘，除非天主親自來幫助我。於是天主又將聖保祿的話送給我：「而聖神卻親自以無可言喻的歎息，代我們轉求。」這必定是一線光明，但在我的情況中，天主聖神給我這光明的用意何在呢？

漸漸地，祂讓我明白祂想要什麼。

耶穌空虛自己，取了奴僕的形體。我之所以越來越受到這奧秘的吸引，是因為耶穌迫切地邀請我跟隨祂，空虛自己，成為他人的奴僕。我看見耶穌空虛自己，從天上至高的福樂與光榮中降下，來到人世間悲慘與痛苦的深淵。我猶豫了，我要如何在這一切事上跟隨祂呢？在困惑中，我祈禱並等待。

在等待的時刻裡，我的心開始燃起熾熱的渴望，我渴望將耶穌想從我這兒得到的給予祂，儘管我並不知道自己能做些什麼。然後，我突然想到，我心中熾熱的渴望是否就是聖神那「無可言喻的嘆息」？當我確知是聖神以祂的仁慈與憐憫、親密和大能，在我內推動我答覆耶穌向我要的「跟隨祂」，並在我內完成耶穌的渴望時，我是多麼感動和感恩。因為聖神知道，「沒有祂，我什麼也不能做」。就在那一刻，我從內在深處經驗到一陣狂喜，這喜悅並非源自我，因為我無法掌控它；不是我擁有這份喜悅，而是這份喜悅擁有我，這份喜悅一直在那兒，始終沒有離開。接著，我了解到，那是一份禮物，始終在我內，源源不絕地湧出。也就是在那時刻，我了解到，真正地空虛自我去跟隨耶穌，並非出自個人的努力，而是耶穌在我內的工作。

在那段時期裡，有一天，當我在斗室的書架上尋找一本書時，突然間，一股全然的寂靜包圍了我，我身邊的一切都消失了。我發現自己身在一個很狹窄的地方，幾乎就在同一時刻，我失去了對身邊一切事物的意識，我唯一經驗到的是絕對的靜默與獨居，在這靜默與獨居中，我只知道一件事：絕對的真福——祂，我的上主，天主。

我的靈魂從一切中解放了出來，我在天主內迷失了自己，然後我喊道：「主，在這裡真好！」天主無限地滿足了我的整個存有，祂是真福，祂是天堂，祂是絕對的滿全，沒有任何話語可以形容或表達這一切，也永遠不會有話語可以表達這一切。我唯一想要的，只是永遠待在那兒。

當然，我又回到了現實，而這整個經驗或許還不到一分鐘。這件事過去五、六個月後的此刻，我寫下這個經驗，我必須說，我對這經驗的記憶又回來了，因為我忘不了它。這記憶帶給我的是永恆的滋味——儘管我並不知道永恆是什麼。

然而，那經驗本身卻再也沒有回來過。

34 天主派來的護守天使

在此，我應該提提天主在這些年裡，賜給我們團體的特別禮物。

我們的總管——黃進安先生

約二〇〇四年，為我們工作多年的園丁決定離開，所以我們迫切需要找到接替他的人，因為我們禁地修女有許多工作都必須仰賴別人代勞，例如：接神父到修院來做彌撒、幫助我們做菜園的工作、採買日常必需品，或是幫助我們完成一些我們做不來的粗重工作。

我們要到哪兒去找這樣的一個人呢？我們只能仰賴祈禱，依靠天主上智的安排。

一天，我們修院斷電了，必須找人來修理。我們想起當初建院時，常看到一位水電師傅與其他人一塊兒工作。他曾告訴我們他住在深坑，於是我們聯絡他，他就趕來了。我們的修女向他解釋我們的處境，當下，也沒什麼特別的理由，我們只是半開玩笑地對他說，我們真的需要一個像他這樣的人：是教友、認識我們的修院及團體，而且還很懂水電。

那時，我們完全不知道，這位先生已有了自己的公司、當了老闆，生意興隆，他不但為自己蓋了一個寬敞的住家，也有許多員工。所以修女的提議在他聽來一定很可笑，因為他只是微微笑，什麼話也沒說。

然而，幾個月後的一天，他到修院來見我們的院長姆姆，那時的院長是Mother Ann。他告訴Mother Ann，或許他可以來為我們工作。就這樣，黃進安先生（若瑟）幾乎成了我們修院的「總管」——不但是我們的園丁、司機、維修師傅、傳達人，甚至還是我們的建築師！但最重要的是，沒多久，他就成了我們最忠實的朋友。

但若瑟究竟是如何下定決心到我們這兒工作的呢？這段過程不但很奇妙，而且也向我們證明，只要我們單純地信賴天主，即便事情看起來毫無希望，天主也會俯聽我們的祈禱。就在若瑟為我們工作兩三年後，一天，他不經意地對我說出，當初他是如何決定到修院來工作的……。

當時，聽了修女的提議之後，他不置可否。但日子一天天地過去，修女的話卻始終縈繞在他心中，使得他不得不先對妻子訴說此事，後來，他也把這事告訴了他的老母親——一位非常熱心虔誠的教友。事實上，他們黃家已是五代的天主教教友。

讓若瑟大感驚訝的是，對於能為我們服務這件事，最熱中的竟是他的老母親。她表示，服務修女就是服務教會，並說：「在修院工作就是遠離世俗，可以享受與天主在一起的平靜與安全。」

他的妻子也是熱心教友，她並不在乎先生結束事業、到修院工作，只要先生覺得快樂就好。對她來說，修院是最安全的地方，沒有世俗的交際應酬，況且，花園的工作對先生的健康也很有益處。他的妻子向他保證，只要他快樂，她也會很快樂的。聽過家人的意見，他越來越傾向放棄世俗，到修院來為我們服務。

終於，他把事業完全交給了與他常在一起工作的弟弟，他便到修院來了。然而，他的好友（為數不少）及從前的合夥人，完全無法理解他的決定。他們用盡方法說服他不要這麼做，在他們看來，這簡直是瘋了。但若瑟已下定決心來為我們服務。那年他才四十四歲。

他從年輕時就非常努力工作，很有社會經驗。他身強體壯，非常有責任心，為人務實而平衡。他工作勤奮，無法忍受浪費任何一分鐘。在這一切優點之上，還有他那堅強、如孩童般單純的信德。

他剛開始做事時，非常低調，只做我們要求他做的事。但沒多久，我們就發現他很有才能，我們越發現他的才能，我們就越信賴他，將越來越多的需要交託給他，而他從未辜負我們的信任。他努力工作，將自己最好的給予我們，我們也報以欣賞及感激，包括那最重要的——我們的友誼。

日子一天天過去了，我們與若瑟的接觸也越來越頻繁。漸漸地，我們開始認識天主給我們送來的這位若瑟，他確實是天主在我們需要時賜下的禮物。

若瑟曾多次告訴我們，他的教育程度不高，由於他是家中的長子，下面還有好幾個弟弟，所以他很早就必須開始工作，他出社會那年僅有十六歲。然而，我很少見到像他如此自律自重的人。即便當他做最謙卑的工作——如給蔬菜上肥時，也總是顯得那樣有尊嚴，他的面容永遠透出一種真誠與高貴的神情。

我們的修女在許多事上都需要他的協助，如：修理東西、屋頂漏水、廚房的緊急需要、緊急開車到醫院……。好幾次，我們甚至要求他為我們修院增建額外的設施，那表示需要進行真正的建造工程，而他也盡可能用最少的經費來呈現最好的結果。慢慢地，他已經很熟悉我們的生活方式了。一天，他用他那慣有的幽默感說道：「放心，我會一直為妳們提供7-11的服務。」他說這句話時是很認真的。

若瑟總是以專業、考慮周詳的建議、機智及能力來回應我們大大小小的需要，但最珍貴的是，他以信實與忠誠對待我們，彷彿我們真是他的家人一般。他的表現使我們深受感動，我也這麼告訴他了。他則回答我說：「我永遠不會後悔到這兒來為妳們服務，因為在這裡，我更接近天主了。當我在菜園工作時，我感覺自己這麼平安幸福，所以我大聲唱出我最喜歡的祈禱：『我們的天父……』」。

正在我執筆的此刻，若瑟正在屋頂上修理颱風過後的漏水。他才剛與朋友們為我們建了一個較寬敞的經堂，好容納我們日漸壯大的團體。謝謝進安。

會院的建築師——陳履義先生

二〇一六年的二月下旬，嘉義教區的鍾主教帶著二十多位神父來拜訪我們。鍾主教和我們很熟，在他去嘉義前曾是我們的副主教，我們都很愛他、欽佩他。他告訴我們，此行的目的是朝聖，但事實上，他們是來邀請我們到嘉義教區建院的！

當然，單憑深坑修院修女的人數是無法建立新院的，於是，我們與菁林修院商討，最後，我們一致決定到嘉義建院。鍾主教送了我們一塊土地，加上來自朋友們的捐獻，我們便開始動工了。

現在，我想寫一些關於陳履義建築師的事。

多年前，戴琦先生請陳先生設計芎林修院。十年後，他也設計了我們的深坑會院。現在，我們要建立嘉義會院，我自然又想到了陳先生。

當初我們計畫要建立深坑會院時，我們很貧窮，我把這事告訴了陳先生，他回答我說：「別擔心，我會免費為妳們服務。」現在，我們要建立嘉義會院，我們比從前更窮了，所以我也很直接地把我們的狀況告訴陳先生，他笑著對我說：「我已經退休了，但我還有自己的公司，我不只免費為妳們服務，我還會幫助妳們。」

他真的信守了諾言，不只為我們設計修院，還一肩挑起所有與嘉義政府協商的複雜工作，並與建商密切合作。每一次，他都開四小時的車到嘉義，花整天的時間在那兒監督工程。

陳先生並不是天主教徒。但我知道天主絕不會忘記他為祂的教會所做出的愛德、奉獻和犧牲，祂必定會以祂自己的方式賞報他。

謝謝陳履義建築師，您一直會在加爾默羅修會的祈禱裡。

35 在深坑會院領洗的朋友們

我們在深坑已待了二十多個年頭。有一些朋友希望在我們的聖堂領受洗禮，一些朋友則希望他們的兒子或女兒在我們的聖堂舉行婚配聖事。我大略介紹幾位有代表性的。

小敬家

我們的院長姆姆的小外甥女，三歲多時打算領洗，所以在深坑修院安排了一個午後的領洗。然而，小敬家在午睡中被突然叫醒、接著進行隆重且教堂坐滿了陌生教友的聖洗聖事，結果就是：幾乎整個禮儀是在她的掙扎和間歇的哭鬧中進行的。院長姆姆擔心這次的聖洗聖事無效，而我們的單樞機聽到了這件事，非常願意為小敬家再舉行一次補領聖洗聖事。

設想周到的單樞機，領洗的那天中午先請院長姆姆的妹妹Maria Carmen、素琴代母和小敬家一起吃飯，先和小敬家培養感情，然後再一同來到我們修院。在我們的聖堂，單樞機以令人感動的溫柔與慈愛，特別為小敬家解釋施行聖事的每一個細節和每個步驟，然後親自為她付洗。看到聽話又開心地完成領洗的小敬家，這真是一個令人難忘的回憶。

王漢朝先生

還有好幾個成年人也在此領洗，並結出了豐美的果實。王漢朝先生的領洗就是其中一位，他是在我們共同朋友的介紹下來到我們修院的。當時，他剛動完肝癌手術，身為國家企業中的高階主管，公司非常需要他的服務，所以他正尋找一個可以幫助他迅速復原的理想地點。經過慎重考慮後，我們接受王先生暫住在我們的客房，直到他復原。

在那段時間裡，他靜靜地觀察我們修院的生活，他被我們遠離塵世、安靜、祈禱的生活方式深深吸引住了，以至他在康復一年後，靦腆地前來詢問我，他是否能領受洗禮。我介紹他給為我們講避靜的聖言會神父，同年的加爾默羅聖母瞻禮日，王先生施洗成為教友，聖名為方濟各。

我永遠也忘不了那隆重的彌撒，我們的聖堂中擠滿了他的外教朋友。他公司的董事長及許多同事也都熱切地來到這裡，並堅持與他在我們的外界大廳裡共進午餐、共同慶祝。他們必定對方濟各的改變感到驚訝，因為他一直是那樣沉默寡言、保守的人，現在卻變得如此快樂，對每個人都很自在。

從那天起，他每天早晨都到我們的聖堂望彌撒，他就這樣忠心耿耿成了最佳的第一讀經員。多年後，他因猛爆性肝炎爆發送至醫院，猝然離世。教會內外的許多朋友，都因失去他而深感哀傷。

陳光文醫師

照顧我甲狀腺病症長達三十年的醫生，有一天突然對我說「他想成為天主教徒」。當他對我訴說理由時，我不禁對天主無限豐富的待人方式感到驚奇，祂對待每個人的方式是如此不同，但我們每個人都同樣地需要祂的愛與仁慈，無一例外。

他對我說，令他感動的並不是我們天主教的道理，而是我們教內朋友的生活見證，還有他看到耶穌的教導，如何影響了加爾默羅修女的生活及為人，所以，他也想成為一個真正的天主教徒，並活出這樣的生活。

我真是深受感動，於是我也將他引介給聖言會的神父。神父以帶領方濟各的方式帶領了陳醫師。受洗後，他的信仰突飛猛進，成了一個非常開放快樂的人，每個主日都到我們的聖堂來望彌撒。

幾年前，他離開了聖保祿醫院，開了自己的診所。在那兒，與其說他是用醫藥治療他的病人，倒不如說他是用健康的理念來幫助病人，如：健康的飲食、健康的生活方式，還有最重要的——健康的心情。最近，他告訴我，他必須到另一處去擴展他的診所，因為來向他問診的病人越來越多了。

王豫平先生和幾對夫婦

還有一些已領過洗禮的教友，也為我們帶來很大的快樂。王豫平先生就是一例，他把自己的夫人帶進了教會，現在，他們天天都到我們的聖堂望彌撒。去年，他們的獨生子也在我們的聖堂中快樂地舉行了婚配聖事。

現在，還有四、五對夫婦常到我們的聖堂，即使不是每天來望彌撒，主日也會來。他們全都成了我們的好朋友。從他們身上，我們看到他們靈修的成長，他們學習在平安與愛中將自己交付給天主，即便是他們在工作或日常生活上遇到困難、考驗時亦然。

36 故事的尾聲

現在，我應該寫寫我這六年來的生活情形。

頭三年（2015-2017年），我繼 Mother Emmanuel 成為院長。她當了六年的院長，卸任時留下一個井然有序的熱心團體，我幾乎沒有什麼好改善的，我只須繼續同樣的方式，鼓勵修女們在靈修上成長，並在愛德中團結——對我來說，就是要真誠地修德行。

身為院長，我知道修女們都以最大的尊敬與愛德對待我，因為我年紀已經很大了。我知道自己不能改變這情況，所以我接受並相信耶穌會幫助我，也會降福她們。我確信，若她們心中擁有耶穌，那麼便沒有任何事物可以傷害她們，她們也不會尋求任何東西。所以在外在生活上，我很自由地將三年中絕大部分的時間用在籌畫嘉義會院的事上，至於我的內在，我則準備自己與耶穌在永恆中相會，因為我真的很渴望祂。

之後，Mother Emmanuel又繼我為院長。對我來說，這段時間是幸福快樂的日子。我看到修女們在生活方式上有很大的改善，她們也變得更有靈修了。我可以看出院長姆姆在我們默觀聖召的精神與祈禱上，有更深入的成長，我確信這會在我們的團體中結出恆久的果實。

關於我的內在生活，我要特別提到一位我們的朋友。

二〇一八年，聖方濟沙勿略會的杜敬一神父成了我們的四季告解神師。他那謙和、不引人注目的風格開始影響我。我始終深受聖保祿說的：「祂空虛了自己」這句話的吸引，但杜神父打開我的心靈，要我更深入這吸引，也就是更完全地空虛自己，讓自己輕柔地死去，不引起任何注意，不發出一絲響聲！

我一直都很喜愛杜神父的神修，是那麼真實、那麼和諧地與他的個性融合在一起。他不但富有學識，始終以天主和耶穌為中心，且充滿了愛德與憐憫。但那如此深刻、如此獨特地吸引著我的，是他的單純、剝除了一切對自我可能的貪戀！

杜神父也是個很幽默的人，這時常表現在他的言語及態度上，使他很容易親近別人，甚至與人建立起很親密的友誼，所以人們常來尋求他的指導與友誼。但最令我感到驚奇的是，這麼一位溫和、甚至是心軟的告解神師，卻必須引導我這位不受拘束、不收心的人，去絕對地空虛自己，而且是完全不發出聲音地死於自我！當我意識到這件事時，我只能說，天主高深莫測的行事作風真是令我著迷。

*

這麼多年來，在我每日兩小時的默禱時間裡，我的頭腦拒絕正常運作，我的心則感到空空如也，但我從未感到疲憊。有時，我坐在那兒，手裡握著我的玫瑰念珠，其他時候，我就只是享受著靜默與平安的氣氛。

直到有一天，我注意到當我面對天主時，我的整個內在都被清空了，而清理的過程已持續很長一段時間，甚至有幾年了，但我並沒有意識到這件事。然後，我想起自己七歲那年，生平第一次獨自站在大連的海邊。那時，那汪洋大海的某部分進入了我內，而且我知道它再也不會出來了。但我不知道那究竟是什麼，因為我還無法理解。

現在的我依然不理解，但我似乎隱隱約約看到某件事：在我內在被清空的那些年裡，其實是為讓某樣東西深深進入我內——就是八十多年前，我獨自站在海邊時進入我內的那樣東西。

但究竟是什麼進入了我內？那可能是一種使人自由的無限感及沒有界限的浩瀚感——我不知道，因為我太渺小了。或許，那只是一個單純的天主碰觸進入了我內。我只知道，某種深刻的東西進入我內，且再也沒有出來過。我從沒忘記這個經驗。

現在，我經驗到的是一個持續深沉的渴望，我渴望那無垠無限——儘管我從來沒有清楚明瞭過它，但它進入並充滿了我的內在。我也經驗到那無限是屬於天主的，那浩瀚也是屬於天主的，它碰觸我、填滿了我內在的空缺，並在我的日常生活中湧流出來。

已經好幾年了，我意識到自己內總有一股我無法解釋的喜樂，我不知它為何在那裡，伴隨這喜樂而來的是釋放及安全感，是一種樂觀感，它向我保證一切都是好的。當然，我知道天主就是這一切，但這股喜樂並不只存在我的信德中，它也一直在我活躍的日常生活中，在我與人、與事的積極接觸中。

最近，當我開始意識到天主的無限時，我以我的極端有限，看到天主的無限自由、無限美善、無限的愛、無限的慈悲、無限的憐憫……，於是，我便看到我喜樂的根源了——這根源即是祂無限的喜樂。儘管我每天還是會遇見困難及考驗，還是會掉進我的軟弱裡，但這喜樂從未離開過我，這始終臨在的喜樂一直在提升我。

至於天主的浩瀚，它是以超越時間的樣貌來到我這兒的，它似乎模糊了我現世的內在與永恆之間的區隔。當然，我知道我活在時間裡，但這超越時間的感覺——天主的無限浩瀚擁抱著受造界的每樣事物——拿掉了我所有的壓迫感，使我的靈魂處在輕鬆、持久不變的平安中。我從未想到天主的浩瀚，能與我內在的生活如此親密連結，但的確是如此。我們的天主是何等無限的富裕，何等無限地在愛啊！

我感謝天主賜予我力量與能力去完成院長姆姆及Mother Mary命令我做的事——寫這本書。經由院長姆姆的手，我將這工作交在天主手中，願這果實也蒙祂悅納。我祈禱這本書能為我的姊妹們帶來一點歡樂，並在她們的聖召路上——尤其在她們的日常生活中給予一些鼓勵。

我也全心感謝我們的榮福聖母，感謝她始終不變的引導、鼓勵，及對我慈愛的照顧。我在她的蔭庇下開始我的故事，現在，我也將我這卑微的故事交在她手中。

最後的禮物

現在，我要用最後的一點思想來為我的故事作結，這些思想是我七十多年修道生活——加爾默羅禁地生活——所得出的果實。這些果實已隨著時間漸漸成了我堅定的信念，也是我竭盡全力去活出的。我怕自己使人厭煩，但我必須請我的姊妹們忍耐我，讓我與妳們分享天主在我生命中所賜下的恩惠，因為它們可能是我從天主那兒得到，唯一能留給妳們的禮物。

我的靈修成長得極度緩慢，這大概得歸咎於我膚淺的自我裝飾，所以在許多事上，天主必須不斷重複同樣的教導，才能堅定我神修的基礎。對此，我深覺感激，因為我在漫長的生命歲月中，經歷了風風雨雨，更別說還有試煉的風暴在怒吼著。然而，這麼多年來，我漸漸了解上主這句話的用意：「你要天天背著你的十字架來跟隨我。」祂用這些話慢慢地教導我痛苦的價值——無論外在或內在，來自他人或自己，甚至是從魔鬼或誘惑而來的痛苦。

在今世，我們生活中的一切痛苦都不是「失」，而是無限的「得」；這是最偉大的天主，以祂「無限的慈悲」啟示給我這罪人的。

因為，唯有藉著每天接觸到的痛苦，我才得以認識我的軟弱。痛苦揭露了我遲鈍、愚蠢、無助，以及我所有根深柢固的罪根。天主賜給我最珍貴的一個禮物，就是讓我了解到我面對痛苦時的軟弱與無助。透過這個禮物，我才學習去祈禱、去依靠上主。祂就是這樣教導我心甘情願地接受各種形式的痛苦，把它們視為生活中無法逃避的日用糧，因為在今世，這是唯一能將我們從罪惡中解救出來，帶我們成長，邁向救恩的途徑。

一旦我明瞭這真理後，我便看到了痛苦的真正本質：它是工具、是方法，是天主帶領我超越自己、寄望於天主——說得更忠實些，是帶領我去希望的工具，因為希望能將天主給予我。同時，祂也引領我去渴望將自己交付在天主手中，去盡我所能地與祂合作，因為在祂手裡，我不再害怕痛苦，因為我看到，痛苦只是祂使用的工具，每個來到我身上的痛苦，都是出自祂的愛與仁慈。

漸漸地，在我漫長的生命歲月中，我開始經驗到，只要我們接受痛苦——無論是心不甘情不願，或是經過很大的掙扎——每個痛苦背後幾乎總有一份恩寵在那兒等待著，帶著我無法預測或想像的豐富益處，準備侵入我的靈魂。這始終令我很驚訝，並使我充滿了感恩；但大多數時候，我也充滿了羞愧。

在我明瞭到這一切的同時，我也注意到痛苦拔除了我的假我——它在我內創造出一個任性的形像——在我靈魂內騰出一個空間。之後，這空間成為能力，使我能接收天主的恩賜，特別是純潔與自由之恩。我也了解到，對我們這些蒙召成為默觀者的加爾默羅修女來說，或許我們最渴望得到的淨化就是「靈魂的淨空」，這樣，才能使我們的靈魂充滿無限仁慈的天主，而祂就是愛。

這就是我給我生命故事下的結語，我為妳們——我親愛的姊妹們——寫出來。願無限仁慈的耶穌，以祂圓滿的愛充滿妳們每一位。阿們。

（全書完）

國家圖書館出版品預行編目資料

那盞小紅燈：我與天主相遇的一生/保拉姆姆著. -- 初版. -- 臺北市：啟示出版, 2021.02
面；　公分. --(Soul系列；58)

ISBN 978-986-99286-4-9 (精裝)

1.保拉 2.天主教傳記

249.9371　　110000103

「線上問卷回函」

SOUL系列58

那盞小紅燈：我與天主相遇的一生

作　　者／保拉姆姆
總 編 輯／彭之琬
責任編輯／彭之琬
版　　權／黃淑敏、邱珮芸
行銷業務／華華、賴晏汝
總 經 理／彭之琬
事業群總經理／黃淑貞
發 行 人／何飛鵬
法律顧問／元禾法律事務所王子文律師
出　　版／啟示出版
臺北市 104 民生東路二段 141 號 9 樓
電話：(02) 25007008　傳真：(02)25007759
E-mail:bwp.service@cite.com.tw
發　　行／英屬蓋曼群島商家庭傳媒股份有限公司城邦分公司
台北市中山區民生東路二段141號2樓
書虫客服服務專線：02-25007718；25007719
服務時間：週一至週五上午09:30-12:00；下午13:30-17:00
24小時傳真專線：02-25001990；25001991
劃撥帳號：19863813；戶名：書虫股份有限公司
讀者服務信箱：service@readingclub.com.tw
城邦讀書花園：www.cite.com.tw
香港發行所／城邦（香港）出版集團
香港灣仔駱克道193號東超商業中心1F E-mail: hkcite@biznetvigator.com
電話：(852) 25086231　傳真：(852) 25789337
馬新發行所／城邦（馬新）出版集團【Cite (M) Sdn Bhd】
41, Jalan Radin Anum, Bandar Baru Sri Petaling, 57000 Kuala Lumpur, Malaysia.
電話：(603) 90578822　傳真：(603) 90576622
Email: cite@cite.com.my

封面設計／李東記
排　　版／極翔企業有限公司
印　　刷／韋懋實業有限公司

■ 2021 年 02 月 01 日初版
■ 2022 年 01 月 25 日初版 3 刷
定價 380 元

Printed in Taiwan

城邦讀書花園
www.cite.com.tw

 ISBN 978-986-99286-4-9